Um tordo em voo torto

Um tordo em voo torto

ENIO DITTERICH

Labrador

© Enio José Ditterich, 2024
Todos os direitos desta edição reservados à Editora Labrador.

Coordenação editorial Pamela J. Oliveira
Assistência editorial Leticia Oliveira, Jaqueline Corrêa
Projeto gráfico e capa Amanda Chagas
Diagramação Estúdio dS
Preparação de texto Estúdio dS
Revisão Renata Siqueira Campos
Imagens de capa Geradas via prompt Midjourney e Firefly, editadas por Amanda Chagas

Dados Internacionais de Catalogação na Publicação (CIP)
Jéssica de Oliveira Molinari - CRB-8/9852

Ditterich, Enio
  Um tordo em voo torto / Enio Ditterich. – 2. ed.
  São Paulo : Labrador, 2024.
  240 p.

  ISBN 978-65-5625-573-6

  1. Ditterich, Enio - Autobiografia I. Título

24-1319   CDD 920.71

Índice para catálogo sistemático:
1. Ditterich, Enio - Autobiografia

Labrador

Diretor-geral Daniel Pinsky
Rua Dr. José Elias, 520, sala 1
Alto da Lapa | 05083-030 | São Paulo | SP
contato@editoralabrador.com.br | (11) 3641-7446
editoralabrador.com.br

A reprodução de qualquer parte desta obra é ilegal e configura uma apropriação indevida dos direitos intelectuais e patrimoniais do autor. A editora não é responsável pelo conteúdo deste livro. O autor conhece os fatos narrados, pelos quais é responsável, assim como se responsabiliza pelos juízos emitidos.

Prefácio

Este livro é o terceiro volume de uma trilogia autobiográfica. Cada um aborda etapas decisivas em sua vida. Embora narrado em primeira pessoa, o protagonista não assume o papel de herói, mas de observador do universo que o cerca, que procura registrar e entender. No primeiro livro, *Um tordo fora do ninho*, são destacadas as experiências pessoais na visão de um menino que busca entender o restrito universo — família, ambiente familiar, animais, costumes — que o cerca. São relatadas as experiências retidas na memória a partir dos dois anos e estendem-se até os onze anos, com destaque para as relações familiares, a formação religiosa, a escola, o *bullying* e o anseio por integração social em uma comunidade diversa da familiar. Visa a retratar uma época (anos 1950), conflitos sociais e raciais gerados na convivência de diferentes etnias com hábitos distintos e historicamente arraigados, além de conceitos religiosos e morais (determinados pela rígida teologia católica vigente). O protagonista rebela-se contra essa estrutura, ora contestando, ora reagindo com violência, restrito aos parâmetros linguísticos e à visão crítica da criança, baseado em experiências vividas.

No segundo volume, *Um tordo na gaiola*, é relatada a saga pessoal do abandono do ninho — a casa paterna e a cidade natal — em busca do que supunha ser a libertação individual e a integração social plena. Estimulado pela imagem bondosa e compreensiva do padre católico e seu poder e respeito diante da comunidade, decide seguir a carreira sacerdotal e ingressa em um seminário. Para tanto, rompe com o pai, que, de início, se opõe ao seu projeto, porém acaba cedendo e acompanha-o ao destino. Descobrirá ali, porém, que possivelmente se equivocara, desajustando-se ao ambiente cada dia mais, identificando distonia entre o discurso e a prática dos mestres. Em vez de abandonar a liça, contudo, passa a contestar e a perturbar a serenidade do ambiente, transformando-se em *persona non grata*, até por se tornar detentor de segredos que prefere — por pudor e precaução — manter ocultos.

Neste livro, *Um tordo em voo torto*, parte sozinho em busca do destino, da realização pessoal e da liberdade, mas sofre, ainda, os efeitos de influências anteriores, para o bem ou para o mal...

Sumário

Capítulo 1 – O abandono definitivo do ninho — 9

Capítulo 2 – A difícil escolha — 19

Capítulo 3 – Uma luz no fim do túnel — 31

Capítulo 4 – Vida nova — 56

Capítulo 5 – A faculdade — 68

Capítulo 6 – Vida nova... velhos hábitos — 83

Capítulo 7 – Como um pinto no lixo — 98

Capítulo 8 – O fenômeno "temporada" — 111

Capítulo 9 – Fantasmas do passado — 124

Capítulo 10 – Perdido entre dois mundos — 135

Capítulo 11 – Uma escola para toda a vida — 163

Capítulo 12 – Idas, vindas e reencontros — 185

Capítulo 13 – Sombras sobre um céu de brigadeiro — 199

Capítulo 14 – O sonho acabou... — 215

Capítulo 15 – Um mergulho no passado — 220

Capítulo 16 – Retorno à capital — 228

CAPÍTULO I
O abandono definitivo do ninho

Ali estávamos nós, como em uma cena congelada nas telas de Van Gogh. Dominava o ambiente o tom amarelado do entardecer quente e abafado do verão gaúcho. Eram cerca de 21 horas, e o sol setentrional, agora já preguiçoso e menos causticante, buscava um ninho para além dos morros onde pudesse passar a noite. Ele, papai, parecidíssimo com o pintor, recém-saído do banho com o cabelo todo penteado para trás, sorvia o chimarrão com a calma que antecede as tempestades — aquele vácuo de tempo para os bichos se recolherem às tocas, às copas, às estrebarias, aos galpões, pressentindo o risco de uma tempestade iminente. E os homens, a seus medos ancestrais.

Ele nada falava; contudo, o silêncio dizia mais do que qualquer palavra. Passou-me a cuia do mate. Mesmo desacostumado do hábito familiar, após sete anos de abstinência, apanhei-a e consegui, por um instante, uma boia em que me agarrar naquele oceano de receios e incertezas. Demorei tanto a devolver-lhe, que ele já começava a inquietar-se, pigarreando e movimentando a velha cadeira de palha...

Pude ver que, disfarçadamente, me examinava de alto a baixo. Tentava ser discreto, porém não conseguia: o olhar e até o ronco da bomba traía-o. Por sorte, mamãe surgiu na porta da sala. Vinha, como um pontual *cuco*, participar da roda, quando não havia clientes de leite ou os alimentos restantes do almoço esquentavam, largados sobre o fogão a lenha. Sua entrada era como uma aragem de brisa fresca, e o olhar sereno protelava raios e trovoadas iminentes.

Observou-me enquanto eu devolvia a cuia, e papai lhe servia um mate. Como de hábito, mantinha-se calada; apenas sorria discretamente quando nossos olhares se cruzavam.

Seu Edgar, por certo, alimentava, ainda, expectativas a meu respeito. Trabalhara uma vida inteira com afinco, economizara cada centavo e desejava — eu não tinha dúvidas — que eu continuasse seu ofício ou, ao menos, assumisse parte dos encargos masculinos da casa. Em sua opinião, já estaria mais do que na hora. Supunha que o filho — curado da loucura de querer ser padre — desta vez permaneceria ao seu lado...

Para seu azar, o tão esperado "varão" já viera atrasado. Com dez anos de casado, nasceram-lhe duas mulheres, um macho natimorto — soube mais tarde — e, finalmente, o que vingou — eu. Por isso a resistência e a mal contida raiva quando, ali, nesse mesmo lugar, balbuciando, eu — um garoto de apenas onze anos — comunicara-lhe a decisão, reunindo toda a coragem do mundo, de que iria partir para o seminário... Isso fora há sete anos e ele, pego de surpresa, encurralado, acabou por aceitar... Agora, sendo o filho praticamente um homem feito, a conversa seria outra... Podia lê-lo em cada contração dos músculos da face.

Temia-o. Porém, com o passar do tempo, descobri que o bicho não era tão feio quanto eu pensava. Concluí que até possuía sentimentos, mesmo que resistisse manifestá-los. Animava-se quando, durante sete anos, eu reaparecia nas férias, cheio de novidades, enchendo aquela área de histórias lidas e ouvidas, além de longas cantorias ao som do violão. Revelava-me, então, seus feitos da juventude, detalhes sobre parentes, sucessos e fracassos em sua atividade de oleiro. Descobri que também tivera sonhos frustrados e, como eu, abandonara cedo — com onze anos — a casa paterna, onde havia mais bocas do que a pouca terra podia alimentar. Agora, bem-sucedido, aguardando minha volta — mesmo que temporária — engordava um porco ou um novilho para as animadas reuniões de família e os festejos de fim de ano. Com isso, de alguma forma, traía-se e enfraquecia-se para o embate que se avizinhava.

Nitidamente, orgulhava-se de ter um filho estudando *fora*, mesmo que fosse para ser padre, pois naquele universo era uma excepcionalidade. Convidava-me para idas à bodega e fazer parceria com ele nos carteados, ostentando-me como um troféu. Deliciava-se ao me ver cercado de seus amigos a narrar novidades a que ainda não tinham acesso, em um tempo em que poucos dispunham de um simples rádio a bateria. De minha parte, tentava dar-lhe um pouco de descanso físico durante a semana, assumindo parte de suas tarefas enquanto passava as férias ali.

Todavia, nada disso conseguia aliviar a tensão daquele momento. O silêncio era sepulcral, e os olhares desviavam-se, como em um duelo de facas. Os contendores não queriam se ferir, contudo o confronto seria inevitável. Apenas o adiávamos o quanto possível. Havia momentos de descontração e conversa até animada, porém algumas nuvens ameaçadoras sempre pairavam no ar...

Quando lhe contei, já com treze anos, que estava praticando clarineta e estudando teoria musical, não se conteve:

— Mas, bah! Sabias que eu também já toquei clarineta?

— Não me diga, pai! Mas onde foi isso?

— Lá nas "Colônias Velhas", na Linha 32.

— Mas tinha clarineta lá?

— Tinha uma banda... e eu levava jeito.

— Mas e daí? Por que não seguiu a carreira de músico?

— Precisava trabalhar e não tinha dinheiro pra comprar o instrumento. Daí fiquei com a gaitinha de boca mesmo. Mas era uma Hohner, a-le-mã! — disse, enfatizando o adjetivo.

Cheguei a olhá-lo com certa ternura. Era um homem bom, eu sabia. Quando se reunia com os irmãos, bebiam algumas cervejas e liberavam as emoções, recordando o passado. E era esse homem que, hoje, estava ali, na minha frente, calado, nervoso, enchendo-me de mate e fazendo roncar exageradamente a bomba para romper o pesado silêncio e impedir que falássemos o que ambos não queríamos ouvir.

Porém, eu não podia adiar mais a decisão e tomei a iniciativa:

— Pai, eu vou voltar lá pro Paraná...

O rosto tingiu-se de vermelho, da raiz dos cabelos até o pescoço. As sobrancelhas tremeram. Com a voz embargada, questionou-me:

— Mas por quê? Não disse que não queria mais ser padre? É por causa daquela moça lá? De repente, pode buscar ela.

— Não, pai! As coisas não são mais assim. É só um namoro e, pra casar, é preciso se conhecer mais. Não é por causa dela, não. Nem sei se vai dar certo. Por enquanto, nem pensar!

— Mas e por que, então?

— É que eu quero fazer faculdade.

— Mas isso tu podes fazer aqui.

— Como, pai? A faculdade mais próxima é em Passo Fundo. E, daí, dá na mesma!

— Não! Estarias mais perto, ou até poderias ir e voltar.

— Mas nem ônibus tem, pai! Vai de manhã e só volta de noite. Não faz sentido. Isso ia ser uma loucura. Além das despesas…

Esse era um fato, mas havia outros empecilhos também. Eu já havia vencido os eventuais traumas de infância, quando me sentira tantas vezes rejeitado por colegas, sendo motivo de hostilidade constante a origem diversa, o estigma de ser *alemão* em uma terra de *italianos*. Claro que isso já estava superado: antigos desafetos eram, agora, parceiros com quem me relacionava bem. Haviam, contudo, em sua maioria, estacionado culturalmente no quinto ano escolar. Apenas alguns ingressaram no incipiente "ginásio", porém era o fim da linha, ao menos em nossa pequena cidade. Eu havia ido além e aspirava a mais. Um ou outro, tendo pais mais abonados, partiu em busca de um curso superior em cidades maiores. Um luxo impossível para nós.

Papai levantou-se cabisbaixo, retirou-se para o interior da casa, portando chaleira e cuia, sem nada mais dizer, contudo nitidamente contrariado. Sob um silêncio constrangedor, mamãe pôs o jantar. Ela nada dizia. Jamais o contrariava diante dos filhos. A sós com ele, manifestava sua opinião e até o enfrentava com veemência, como pude observar algumas vezes. Sem que percebêssemos, porém.

O ambiente tenso forçou-nos a buscar cedo as camas. E aquele fora apenas o primeiro *round*.

Na manhã seguinte, ofereci-me para trabalhar, como de hábito, aguardando as ordens. Determinou que eu fosse arrancar as touceiras de mata-campo que abundavam no potreiro, já que o quadro de operários da olaria estava completo. Obedecia-lhe em tudo para não dar motivos a possíveis explosões de raiva, as quais eu temia desde criança — mais pelo barulho do que pelos efeitos.

Contudo, buscava a companhia da mãe, sempre mais compreensiva e disposta a financiar meus anseios e projetos. Não o fazia por mero interesse, mas era ela que detinha, camuflada, uma certa quantia disponível. Eram as economias da venda do leite, que eu, por tantos anos, transportara para os fregueses da vila, ou *sédia*. Elas é que garantiam minhas roupas, o bilhete de passagem, o invejado violão e algumas pequenas excentricidades.

Aos poucos, fui tornando-a uma aliada na consecução dos meus sonhos. Percebi que ela se convencera de que eu era um caso perdido; de nada adiantava tentar ter-me junto dela; restava-lhe, então, manter o laço. Melhor frouxo do que rompido. Podia ler a tristeza em seus olhos castanhos, tão diferente da ira que acinzentava as pupilas azuis de papai.

Para alegria dela, eu ainda continuava apegado aos padres e às missas. Embora houvesse fortes razões para me afastar de ambos, minha crença não havia sido abalada em sua essência, e julguei doloroso demais expor-lhe minhas descobertas. Animando as cerimônias com canções mais modernas e ao gosto da moçada, conseguia atraí-los a missas e palestras, tendo, por isso, o apoio e a simpatia do então padre Getúlio. Ao mesmo tempo, mantinha um certo prestígio entre os velhos companheiros e as "mocinhas da cidade", que antes nem sequer me notavam. Isso abalava um pouco meu compromisso com a jovem que me esperava lá em Ponta Grossa e com quem me comunicava pelo único recurso disponível — e acessível — à época: cartas.

Em um universo carente de novidades, passei a ser convidado para saraus, que ali recebiam o título de *filós*. Aconteciam, às vezes, em casas de famílias mais humildes, onde a única iguaria era uma baciada de pipocas, ali plantadas e colhidas, adoçadas por melado das canas do próprio quintal. Embora meu cancioneiro já fosse bastante diverso do local, onde reinavam quase absolutas as canções regionais gaúchas, único gênero a que estavam habituados, o congraçamento era total, e a alegria, espontânea. Fui, algumas vezes, convidado a conhecer a intimidade de casas que jamais pensara frequentar. Ali, os quitutes eram mais sofisticados, os temas mais restritos, o trato um tanto cerimonioso e os olhares das jovens mais intensos e ousados demais para minha timidez de ex-seminarista. Às vezes, perambulava à noite com o violão pela vila mal iluminada, sentava-me diante de um bar — em especial a "rodoviária" — na companhia de amigos. Cantávamos e conversávamos, e, diversas vezes, fomos convidados, a partir das dez horas, a nos recolhermos pelos policiais do destacamento local, pois nesse tempo havia o "toque de recolher"... e a "lei do silêncio"...

Em casa, no final da tarde, aumentava o número de garotas que surgiam em pequenos grupos, às vezes, para apanhar a sua cota de leite. Sempre é bom reforçar que não existia, ali ao menos, leite tratado e vendido em mercados. Quem o produzia vendia em litros ou "taros", deixando-os na porta das casas, tarefa que me coubera na infância. Outra possibilidade era o próprio cliente enviar alguém da família para apanhá-lo no final do dia. Sentia-me envaidecido por saber que era um ingênuo modo de terem contato comigo, contudo limitava minhas expansões pelo fato de já ter uma namorada oficial a esperar-me. Mesmo vacilante, eu exercitava a fidelidade...

E estava chegando a data por nós combinada para eu retornar. Convenci mamãe, apesar de sua explícita tristeza, juntei toda a coragem que me foi possível e repeti a cena interrompida por papai naquele final de tarde. Dona Rosa — era assim que mamãe era conhecida, embora de batismo fosse Cecília — permaneceu na salinha de visitas, de onde podia ouvir a conversa, todavia sem interferir.

Lá pelo segundo mate, parti direto para o assunto, iniciando o segundo *round*:

— Pois é, pai, viajo na semana que vem; segunda-feira...

Desviou o olhar para a estrada e retrucou com um falso desdém:

— O que é que eu posso fazer? Se é assim que tu queres, então...

— É, pai! É como eu já lhe disse: quero fazer faculdade e aqui não dá; não tem jeito...

— Mas tinha de ser tão longe daqui? Soube até que tem uma em Santa Maria.

— É que é mais fácil! Já conheço o lugar, as pessoas... E tem a namorada.

— Bom, aqui tu tens tudo. Isto aqui também é teu.

— Eu sei, pai. E lhe agradeço, mas eu tenho a *minha* vida. Como já falei, o senhor um dia também teve de procurar seu próprio caminho.

— Mas era diferente! Tu sabes bem. Mas se tu queres ir, o que é que eu posso fazer? E do que é que vais viver?

— Bem... a mãe já me arrumou o dinheiro da passagem, mas vou precisar um pouco mais, ao menos pra me manter por lá no início.

— Bom... eu não tenho. Dinheiro tá difícil! De fato, sempre foi... Amanhã vou falar com o tio Etvino. Ele costuma guardar um pouco e talvez pode me emprestar.

De fato, o tio — irmão mais velho de papai —, embora sócio minoritário da olaria, sempre tinha algum para emprestar a juros mínimos. Um casal sem filhos, vivia na maior simplicidade e era muito criativo. Com ele, papai obteve 300 contos, estendeu-me e foi lacônico:

— Toma! Este é o último dinheiro que te dou na vida. A escolha foi tua. Daqui pra frente, é bom aprender a se virar.

Recebi-o, humilhado. Notei certo rancor em sua voz embargada. Não lhe quis mal, porém. Entendi sua dor e, talvez, a derradeira tentativa de demover-me do intento de separar-me dele. O fato é que as duras palavras doeram mais que todas as tundas da infância.

Na semana seguinte, apanhei a velha e pesada mala, companheira de tantas viagens, o robusto estojo com o admirado Del Vecchio, arrastei-me ladeira acima no clarear do dia, sozinho, após um aperto de mão na mãe e no pai. Ela, pesarosa, enxugando uma lágrima furtiva; ele, mordendo os lábios e mantendo-me a distância.

Em Passo Fundo, preocupado em poupar cada centavo, não deixei a bagagem no guarda-malas e enganei a fome de jovem apenas com as bolachas que mamãe pusera em um pacote à parte. Sentado em um banco da praça vizinha à rodoviária, aguardei, das 10h até as 20h30, o ônibus que me levaria a Curitiba, atento à volumosa bagagem. Por instantes, revivi os momentos que ali tivera em companhia de papai, sete anos antes...

CAPÍTULO 2
A difícil escolha

À espera da viagem noturna, tive o dia todo para refletir sobre a decisão tomada. Incertezas quanto ao futuro perturbavam-me, e a despedida dos familiares fora dolorida. Necessitava de algum elixir que me ajudasse a superar a sensação de vazio que tomou conta de mim. Gastei, então, o primeiro dinheiro na compra de uma carteira de Minister. O vício fora resultado da liberalização, ou onda de secularização no último ano do seminário. Fumar passara a ser uma espécie de símbolo de virilidade e rebeldia contra o sistema opressor sob o qual vivíamos. Padres adultos e até idosos aderiram ao hábito por alguma razão, e nós, adolescentes, idiotamente soltávamos nossas baforadas como sinal de afronta contra a rigidez a que nos submetiam... A bem da verdade, o tabaco não me oferecia prazer algum, apenas externava minha ousadia inconsequente e inconformismo generalizado, típicos do jovem.

Não imaginava, contudo, que seria dominado pelo *vício*, nem sabia se era uma dependência física, um recurso psicológico de autoafirmação ou, ainda, de independência em relação aos antigos dominadores, fossem eles, antes, os padres ou, agora, o pai. O problema era que cigarros custavam dinheiro, e isso eu não aprendera ainda a ganhar, nem estava preparado para fazê-lo. Sabia, por isso, que não devia abusar das despesas. Findo o dia de reflexões e algumas visitas à fonte da praça para aplacar a sede do verão, retornei à estação rodoviária para aguardar o ônibus.

A longa e fastidiosa viagem de retorno em nada se assemelhava àquela de sete anos atrás. Não havia mais a curiosidade nem as expectativas infantis de outrora, que conseguiam fazer superar em mim — e amenizar no pai — as mágoas mútuas da perturbadora primeira separação. Agora éramos apenas eu e o mundo. Enredado em dúvidas, com um futuro incerto, a noite quente e abafada dentro do ônibus foi de vigília e inquietação.

Havia uma namorada à minha espera. Estava ansioso por encontrá-la, mas também extremamente receoso. Afinal, agora estava livre para levar avante nossa relação. Mas o que isso significava de fato? Eu tinha apenas dezoito anos! De alguma forma, havia me libertado de uma peia — que era o compromisso com a carreira religiosa — para enredar-me nas expectativas de uma mulher, de seus familiares e da sociedade com seus ritos. À época, namorava-se para casar. Moças, ainda meninas, iniciavam a preparação do enxoval e viviam o sonho das núpcias que as libertavam do jugo paterno e lhes davam, no mínimo, um senhor menos tirano que o pai, o marido. Uma declaração de amor ou interesse por elas, a permissão para frequentar sua casa, geravam expectativas de uma união rápida, eterna e indissolúvel. Namoro longo era malvisto. Por certo, não me dera conta disso; não havia avaliado bem ao dar esse passo. Além disso, precisava arranjar um serviço. Não temia o trabalho, contudo não fora preparado para atividades comuns, e os estudos consumiriam boa parte das minhas horas.

A recente excursão pela região oeste do Paraná, apresentando teatro, dormindo em casas de famílias locais, conversando com tantas e diferentes garotas despertaram-me incertezas. Constatei — talvez pela primeira vez — que mulheres podiam ser tão diferentes umas das outras e possuíam atrativos diversos, e eu, por absoluta falta de convivência, nada sabia sobre elas. Lera alguma coisa, mas o mistério ainda era obscuro e, confesso, excitante. Havia me caído nas mãos um livro que analisava — dentro dos padrões da época — as diferenças entre o comportamento do homem e da mulher. Li-o às escondidas, ansioso por compreender melhor esse ser misterioso e inatingível que, a partir de então, passaria a fazer parte da minha existência. A única frase que retive na memória foi: "Enquanto o homem dá amor para conseguir sexo, a mulher dá sexo para conseguir amor…". Seria isso mesmo? Não seria uma idealização? Mais uma das muitas mentiras que me contaram por anos?

Agora, embarcado, ali estava: só, insone, *duro*, ouvindo o ressonar incômodo dos companheiros de viagem entre breves e tumultuados cochilos. Na cabeça, mil projetos. Uma *febre* intensa de deixar tudo para trás e ir embora para a Europa — Alemanha, de preferência. Fazer o caminho inverso daquele dos ancestrais. Por que não os Estados Unidos? Admirava tanto esse país! Sua história, a bravura dos conquistadores do oeste, como David Crockett; as narrativas do escritor alemão Karl May, com índios tão evoluídos, sábios até, como o Winetou; o bom escravo negro liberto, andarilho, que cruzou os EUA plantando sementes de maçã. Como é que era mesmo seu nome? John "Qualquer Coisa", creio. Admirava o ex-presidente

John Kennedy e era apaixonado por sua viúva, a Jacqueline... Até os alemães, segundo contavam os padres, iam aos montes para a América do Norte, com a certeza de sucesso econômico e de uma vida digna, esquecidos das máculas do nazismo.

Mas a minha realidade era outra. Deixara para trás uma mãe duplamente triste: por ver frustrado o sonho de ter um filho padre e pela ingratidão ao trocá-la por outra mulher, mais jovem, talvez interesseira, que me conquistara e roubara, além de me afastar dela. Timidamente, ela também tentara me manter a seu lado, embora com estratégias diferentes das do pai. Desfiava terços, ajoelhada diante da impávida Nossa Senhora da Conceição, preparara as mais diversas e saborosas sobremesas, caprichara na comida, cobrira-me de sorrisos e olhares amorosos. Desestimulou pretensas futuras noras, negando-lhes meu endereço — soube depois. De nada adiantou, contudo. Capitulou, enfim, e, além do dinheiro da passagem, enfiara-me algumas cédulas extras no bolso... Coisas de mãe...

Provavelmente um sorriso triste cobriu meu rosto naquele instante.

Amanhecia, e o ajudante do motorista anunciou:

— Senhores passageiros, dentro de 30 minutos estaremos chegando à estação rodoviária de Curitiba. Recolham seus objetos de mão, localizem os tíquetes das malas e preparem-se para o desembarque.

A azáfama tomou conta do ônibus, com o choro de algumas crianças teimando em não abandonar os doces braços de Morfeu. Alguns ainda fizeram uma última visita ao banheiro. A capital paranaense mal despertava, e poucos automóveis circulavam pelo centro. Ainda não habituado à metrópole, tentava inutilmente me localizar...

Como ainda faltavam alguns dias para o vestibular da UFPR, onde me inscrevera para o curso de letras, fiz conexão com Ponta Grossa, repetindo o velho roteiro que percorrera por alguns anos. Não ficaria bem hospedar-me na casa da namorada, pois poderia despertar comentários constrangedores; aceitei, então, a hospitalidade de um ex-colega que morava na cidade e que, como eu, decidira também não continuar a carreira sacerdotal. Unia-nos o fato de sermos ambos *desertores do exército de Cristo*, ameaçadora expressão tantas vezes ouvida. Soava quase como uma excomunhão.

— Será que o amigo estaria esperando-me? — perguntei-me.

Não existiam, então, recursos acessíveis para comunicações urgentes. Ele havia me enviado o endereço cerca de dois meses antes, eu combinara o dia e a hora da minha chegada. E lá estava ele, de plantão, a aguardar-me.

Chamava-se João Maria. Havia passado apenas dois anos estudando conosco. Aos poucos, fomos conhecendo sua história pessoal, narrada por ele mesmo em momentos de reflexões ou em rodas de amigos. Contava dezessete anos e já estava se perdendo em bebidas e com *mulheres da vida*. A mãe implorou, então, a um padre amigo que o aceitassem no seminário. Não era de praxe fazê-lo, contudo decidiram atender ao pedido da desesperada mulher. Tudo fizemos para enturmá-lo. E conseguimos.

Um dos padres orientadores queria-nos mais próximos da realidade humana com que um dia trataríamos, na condição de futuros padres, e julgou útil a convivência com a sua experiência mundana. Sem qualquer disciplina e conhecimento escolástico mínimo, dedicamo-nos a resgatá-lo. E conseguimos um grande progresso, ao menos nos estudos. Agora, lá estava ele, sorridente e agradecido, a aguardar-me, feliz por retribuir o apoio nos estudos e animado a auxiliar-me. A mãe, muito parecida com a minha nas atitudes, tudo fazia para agradar-me, com refeições simples, porém saborosíssimas. Já o padrasto demonstrava-se pouco à vontade com minha presença. Eu ainda não entendia que era uma boca a mais na mesa de um operário urbano e seu salário limitado. Em casa, o conforto era escasso, todavia a mesa sempre farta e variada; ali, porém, tudo envolvia dinheiro... Primeira lição de vida leiga.

Ao entardecer, parti em busca da namorada. Havia recebido, por carta, o novo endereço com as orientações detalhadas de como chegar a sua casa — ou do irmão, com quem morava — partindo do centro da cidade. Nosso único GPS, à época, era o cérebro, auxiliado pelos olhos atentos aos nomes das ruas e aos marcadores locais, como prédios, lojas, praças, igrejas... E nisso éramos bons; tínhamos de ser.

Fui recebido com sinceras manifestações de alegria por todos os familiares. Ela tinha livre a tarde de sábado e pudemos matar a saudade, rememorar o tumultuado ano anterior, praticar a maledicência e tecer alguns projetos futuros. Expansões sentimentais ou carinhosas eram poucas e refreadas, tanto pela fiscalização intensa como por receio e pudor. Situação difícil para um jovem de dezoito anos, contido até ali pela educação castradora familiar e, depois, religiosa. Contudo, isso privilegiava, talvez, uma relação mais aberta para o conhecimento mútuo, a vida pessoal, os anseios e os temores, pois conversávamos muito.

— Mas por que não faz faculdade aqui na UEPG? — perguntou-me.

— Já decidi pela UFPR. Creio que será melhor pra mim...

— Pode até ser... Mas pra mim será pior... Vamos ficar longe. Vai ser difícil...

— É... eu sei. Mas eu consigo um trabalho e venho todo final de semana...

— Mas serão quatro anos! Meu Deus! Vamos ficar longe praticamente o tempo todo.

Tinha, então, como parâmetro, o namoro dos pais. Visitavam-se a cada quinze dias, uma semana, em encontros rápidos. A moça dedicava-se ao enxoval, o moço poupava até os centavos para mobiliar a casa e ambos aguardavam ansiosos as núpcias...

Eu não tinha, então, consciência do quanto a "educação" — mesmo que inconsciente ou bem-intencionada — para a vida religiosa havia se encruado em mim. Pregando a caridade, o respeito ao próximo, somente o projeto pessoal — ou divino— interessava. O "leigo", em especial familiares e mulheres, devia ser bem tratado, respeitado, "amado" como irmãos em Cristo, mas não poderiam atrapalhar o "plano maior", que era o de Deus e do seu "servo" — o religioso. Era a parábola do lavrador, que afirma que quem toma do arado não deve olhar para trás, que deixará a tudo e a todos em favor do ministério de Deus... E quantos mistérios escondiam nossos pregadores!

Eu decidira não ser mais um discípulo ou pregador, mas, inconscientemente e por egoísmo, desconsiderava sentimentos de pessoas que me queriam bem. Magoara meu pai — que atrapalhava o projeto divino — e nem entendia, então, que a sua atitude podia ser de amor. Afastara-me de mamãe — que certamente derramaria lágrimas infinitas pelo abandono — tendo, agora, certeza de que não fora para atender a um pedido do seu Deus. Estava frustrando as expectativas — que eu mesmo criara — de uma jovem que me vira como alguém muito especial, ao ser incapaz de pôr-me em seu lugar.

Vieram-me à mente, então, as palavras da raposa, em O *Pequeno Príncipe*: "És eternamente responsável por tudo aquilo que cativas". Caí em mim e tremi. Quando analisamos a obra, sob a ótica do padre Germano, humanista e sincero, tive reações adversas. De um lado, acreditava nessa afirmação, por outro, já via ali uma grande possibilidade de "chantagem emocional", mesmo que não se usasse, então, essa expressão. A raposa, sabidamente astuta, dissimulada, estaria manipulando o jovem e ingênuo príncipe. Achei, porém, conveniente manter-me calado. Recordei algumas passagens bíblicas e considerei que o lado "humano" de Cristo algumas vezes conflitava com o "divino".

— Que tal você mudar-se para Curitiba? — propus-lhe.

— Não sei, não... tenho até uma irmã que mora lá, mas...

Estava a uma semana do vestibular e precisava partir. Minha estada na casa de João Maria já estava longa demais e sentia-me abusar da hospitalidade. Na capital, procurei um colega que ali residia. Recebeu-me muito bem, ofereceu-me hospitalidade e aceitei. Lá, deparei-me com outros dois conhecidos, e ele, mesmo assim, acomodou-nos. A mãe, habituada, talvez, àquela chusma de colegas do filho que por ali passavam, foi muito simpática e acolheu-nos, tal qual teria feito minha mãe. Enquanto ali estava, dispus-me a ajudar nas tarefas da casa, fato que foi bem-visto. Donos de um pequeno mercado, recebiam produtos a granel e nós selecionávamos, pesávamos e ensacávamos para sermos merecedores do pouso e da alimentação.

A chegada de novos conhecidos, porém, fez-me *cair a ficha*, como se dizia, e procurei um local próximo à UFPR para acomodar-me. Habituado a uma vida simples, aluguei um quarto em uma pensãozinha decadente, próxima do Passeio Público. A proprietária cobrava o que eu podia pagar e, sendo verão, a umidade das paredes e a curta estada não me assustaram.

— É um quarto simples. Tem só a cama e um criadinho-mudo. Não pode cozinhar nem usar velas. — avisou-me com olhar severo.

— E a roupa de cama?

— Forneço um par de lençóis limpos por semana. Tem uma colcha e um cobertor nos pés da cama. O banheiro fica nos fundos e banho só duas vezes na semana. Pega a chave do chuveiro comigo... e tem de ser rápido.

Não precisava mais do que aquilo.

O problema mais sério era a comida. Jovem, a cada pouco o estômago reclamava. Acomodei-me e saí para explorar as cercanias. Mal pus os pés fora do portão da velha casa, provavelmente edificada nos anos 1920, abordou-me uma das tantas senhoritas que se apoiavam no muro. Todas traziam cabelos bem-arrumados e trajavam roupas vistosas e curtas. As bocas pintadas e grandes bolsas coloridas nos ombros chamaram-me a atenção. Sorri-lhes amavelmente.

Uma delas aproximou-se, mediu-me de cima a baixo, enquanto fazia um movimento com o quadril e falou:

— Oi, moço loiro! Vamos fazer um programa?

Surpreendido pela ousadia, devo ter ruborizado até a raiz dos cabelos. Então ela seria...? Mas ali, na calçada? Bem perto ficava a catedral... A meia quadra tinha até uma espécie de quartel ou destacamento de polícia... Toleravam isso?

— Desculpe, moça! — retruquei, cabisbaixo. — Não entendi...

— Ih, é do tipo acanhado, é? É desses que eu gosto... Qual é seu nome?

— Enio... e o seu?

— Maria... aliás, aqui todo mundo é Maria... Maria Disso..., Maria Daquilo...

— Maria... um belo nome. Como o da mãe de Jesus, ou de Maria Madalena, sua mais fiel seguidora...

— Vixe, não tô entendendo mais nada! Vai querer ou não?

Diante do acontecimento — para elas possivelmente estranho — algumas outras aproximavam-se, curiosas.

— Olha, Maria, não me leve a mal! É que eu sou ex-seminarista... — esclareci.

— Vixe, e o que é isso? Alguma doença braba? Matou alguém? Teve na cadeia?

Interveio uma das que se aproximaram. Mais discretamente vestida e um pouco mais velha, explicou à colega:

— É desses moços que estudam pra ser padres... Eles não podem transar com mulher...

— Transam com homem então? São veados? — perguntou, olhando-me com desprezo.

— Não necessariamente, Maria. Eu gosto de mulher e tenho namorada. Nada tenho contra você. Imagino que, de alguma maneira, esse é o seu trabalho ou a atividade e eu não tenho direito de julgá-la...

— Tá vendo? — interveio a outra. O moço fala bonito! Dá pra ver que não é do tipo que sai com *nóis*...

— Então você despreza *nóis*? Se acha melhor?

— De jeito nenhum! Eu respeito vocês e sei que essa opção não deve ter sido fácil... Só gostaria de que me respeitassem também, como sua colega aí... Como é mesmo seu nome?

— Das Dores... Maria das Dores... e como é que você veio parar aqui?

A roda aumentava cada vez mais, enquanto eu lhes contava minha história, as origens, o sonho de estudar, as dificuldades.

— Vou ser seu vizinho por pelo menos duas semanas. Vamos nos ver muito! — concluí.

— Então até mais, *padrinho*!

— Ué, por quê? — perguntei-lhe.

— É que esse seu nome é muito estranho... *Padrinho* (padrezinho) fica melhor.

Parti em busca de algum botequim que me servisse uma média com leite, como diziam por ali, e um pão com manteiga. Retornei pouco depois. O número de mariposas encostadas no muro diminuíra, estando boa parte delas concentrada nos detalhes de seu negócio. Uma delas, vendo-me aproximar do portão, falou:

— Ah, você mora aí... Cuidado, a dona é muito ruim.

Desci ao quarto e atirei-me aos livros. Precisava revisar a matéria do vestibular. Se não passasse, não haveria uma segunda chance. No quarto ao lado, dois rapazes que vira mais cedo teciam projetos em voz alta, e o mau odor de linguiça de terceira tomava conta do ambiente, causando-me enjoos.

— Ué, não era proibido cozinhar? — perguntei-me.

Cansado, abandonei os livros e as anotações, ajoelhei-me ao pé do leito, fiz minhas orações e adormeci.

CAPÍTULO 3
Uma luz no fim do túnel

Na manhã seguinte, levantei-me cedo. Senti no ar o agradável aroma de café com leite. Adoraria desfrutar o prazer de uma *média* e um *francesinho* fresco, mas era melhor poupar meu parco dinheirinho. Ao chegar à rua, ouvi o alarido de pássaros. Deveria ser o zoológico, ou o tal "Passeio Público", descrito pelo Anselmo quando fora sequestrado. Estaria eu morando na mesma pensão em que ele havia ficado como prisioneiro?

Poucas pessoas circulavam pela rua àquela hora. Dirigiam-se concentradas, cabisbaixas, aos seus empregos. Passei rente a um colégio e alcancei uma avenida. Diante de mim, no meio daquela selva de pedra, erguia-se um grande e belo portão de concreto imitando árvores rústicas, cercado por um alambrado do mesmo material. No meio, um belo canal com carpas vindo à tona, em uma demonstração de absoluta segurança. Diferentes espécimes de patos e marrecos coloridos que jamais havia visto nadavam pachorrentamente. A cena lembrou-me imagens dos primeiros livros infantis que lera. Não era coisa do Brasil; aquilo era Europa pura! Embora já moço e com tantos compromissos, senti-me novamente um menino, extasiado diante do panorama inusitado.

Postado diante do portão e no meio da calçada, não me dera conta de que eu me tornara um obstáculo para

os apressados transeuntes, até que um indivíduo mal-encarado me interpelou:
— Porra, meu! Ou caga ou desocupa a moita!
Desculpei-me e adentrei o portão. Algumas pessoas riram. Não sabia se era do chiste dele ou da minha patetice.
Perdi aquela manhã de estudos. Havia muito para ver. Não direi que amasse animais, contudo adorava vê-los, conhecê-los. Se possível, tocá-los. Aprendera seus nomes e hábitos por meio de jogos juvenis, como um tal de *quarteto*, de revistas e até de livros de estudos no colegial. Assim, ao vivo, em carne e pelos ou penas, jamais havia visto tantas variedades, porém. Detinha-me diante de cada placa, lia os nomes, a origem, do que se alimentavam, os hábitos, e só então seguia em frente. Havia alguns de grande porte, como ursos, onças e tantos outros. Passara boa parte da infância ouvindo narrativas dos encontros deles com os ancestrais europeus recém-chegados a um Brasil inóspito, mas imaginava que nem existissem mais por aqui. E agora muitos deles ali estavam, diante de mim, ao alcance da mão! Quem dos meus conterrâneos já os teria visto, ainda mais assim, bem pertinho? Eu era realmente um privilegiado!
Retornei radiante ao meu cubículo, atirei-me animado aos estudos, mas decidi que passaria a estudar lá, ao ar livre, a partir da manhã seguinte. Nada como abancar-me à sombra das árvores, com a brisa fresca a amenizar o calor do verão em vez de trancafiar-me naquele cômodo malcheiroso e abafado da pensão.
Pelas onze e meia, o estômago, mesmo habituado a pouco, começou a reclamar. Já havia circulado pelas redondezas e concluí que os preços de uma refeição

mais substanciosa por ali eram absurdamente altos para a minha atual condição econômica. Se fosse comer como costumava, logo estaria sem um puto cruzeiro no bolso. Próximo de onde dormia, descobri, então, um restaurantezinho humilde que oferecia aos menos abastados — como eu — um sortido prato feito, único que se enquadrava nas minhas possibilidades. Comia-o lentamente, não porque fosse ruim, mas para desfrutar intensamente a regalia. Enquanto isso, curioso, analisava o ambiente.

Entre onze e meia e meio-dia e meia, os clientes chegavam aos bandos, famintos e apressados. O proprietário, com apenas dois auxiliares, via-se em palpos de aranha para atender a todos. Percebi que se desesperava, às vezes. No terceiro dia, dirigi-me mais cedo ao local e, ao ver-me, falou:

— Desculpa, moço! Não abrimos ainda...

— Eu sei, eu sei. Vim um pouco antes até pra falar com o senhor...

— Tudo bem, mas seja rápido, por favor!

Expliquei-lhe quem eu era, o que fazia por ali, onde me hospedava...

— ... e gostaria de fazer-lhe uma proposta... É que notei que o senhor tem um horário bem apertado e corrido entre onze e meia e meio-dia e meia...

— Verdade, é uma loucura! Às vezes até me faltam pratos e talheres... Não dá nem tempo de lavar.

— Então... esse é o período em que eu faço uma pausa nos meus estudos... Portanto, se quiser, eu posso ajudá-lo enquanto estiver por aqui...

— Ah, mas eu não posso pagar...

— Nem precisa. Estou habituado... em casa, no colégio interno... sempre procurei ser útil. Posso ajudar a servir, lavar louça... até para distrair-me e relaxar...

— Mas e por que faria isso?

— Por nada. Ajudar os outros não faz mal nenhum...

— Onde é que você estudava antes de vir para cá mesmo?

Não havia dado detalhes sobre o seminário e tal. As pessoas, de alguma forma, pareciam não ter bom conceito ou ignoravam o que era, e algumas até se demonstravam desconfiadas... Com ele, contudo, foi diferente.

— Rapaz! — exclamou. — Eu sabia que tinha algo de especial em você... Vinha *te* observando. Eu também estudei num seminário, mas foi em Rio Negro. Conhece?

— A cidade, sim. Dá uns 100 quilômetros daqui...

— Isso mesmo, olha só! Conheceu o padre Fulano? Gente boa barbaridade!

E a conversa estendeu-se, enquanto ele arrumava as mesas e eu, intuitivamente, acompanhava, ajudando-o. De fato, conhecia o destacado mestre, aclamado por seu entusiasmo e simpatia. E isso nos aproximou mais. De repente, parou o serviço e disse-me:

— Olha, vou *te* fazer uma proposta... Se você me ajudar a arrumar as mesas e, depois do almoço, lavar a louça restante, pode almoçar aqui em troca. Faz *teu* prato e toma um suco. O que acha?

— Pra mim, está ótimo.

Assim, garanti a principal refeição do dia. À tardinha, quando retornava da minha gárrula e aprazível "sala de estudos" — o Passeio Público — aguardava-me, às vezes junto à porta e convidava-me para um café. Assim, o suado dinheirinho de mamãe permanecia intacto para futuras emergências...

Chegou, enfim, o dia do exame vestibular do ano de 1970. Confiante, dirigi-me a pé até o prédio da universidade, bastante próximo da pensão. Lá, apesar de haver um número considerável de candidatos, era muito inferior às multidões de hoje, meio século depois. As provas dividiam-se em duas etapas, com intervalo de uma semana; a primeira fase servia para selecionar os que reuniam as condições mínimas; a segunda classificava os candidatos até o limite de vagas, desde que atendessem ao mínimo estabelecido, ou seja, média geral acima de cinco.

Sabia que outros colegas — entre eles um, bastante amigo, da cidade próxima de Ronda Alta, também estaria fazendo o exame. Localizei-o e passamos a nos encontrar regularmente. Muito mais desenvolto que eu, havia descoberto uma "república" de estudantes e morava com eles, desfrutando de maior conforto e liberdade.

— E pra comer, como é que tu faz? (O "gauchês" automaticamente ressurgia quando nos encontrávamos.)

— Me viro por aí...

Inclusive imaginei que, como filho de comerciante, deveria ter mais dinheiro disponível que eu... Por isso mesmo, quando me fez um convite, aceitei-o sem vacilar:

— Hoje de noite *tu vai* comer uma pizza comigo!

— Cara, eu não posso. É muito caro e preciso poupar...

— Não, senhor! Hoje *tu é* meu convidado. Não *vai* gastar nada.

Marcamos o encontro na Praça Tiradentes e descemos até a Rua XV de Novembro, ainda uma ampla avenida movimentada de quatro vias. Ali, docerias, pizzarias e

pequenos restaurantes abundavam. Aproximamo-nos do balcão e fizemos nosso pedido: uma generosa fatia de pizza, e pusemo-nos a saboreá-la. Eu degustava cada bocado, lentamente, enquanto ele devorava a sua com grandes e rápidas mordidas.
— "Deve estar faminto!" — pensei.
De repente, o atendente que nos servira foi chamado até a outra extremidade do balcão. O parceiro anfitrião pegou-me pelo braço, arrastou-me para a porta e gritou:
— Corre!
Assustado, não fiz outra coisa. Disparei atrás dele, que ria, ainda com parte da fatia de pizza na mão. De longe, vimos um tumulto junto à porta e nos enfiamos por uma viela.
— Puta que o pariu, *tu é* louco! E agora? Se pegam a gente!
— Que nada! Uma *feta* — melhor, duas — não vão fazer falta pra eles...
— Mas não é pela pizza, *porco cane*... Isso pode complicar nossa vida...
O fato é que, por meses, mesmo retornando pouco a Curitiba, evitava circular pela tal avenida...
Poucos dias depois, o principal jornal anunciava: "Estarão em edital nas dependências da UFPR, a partir das 8h de hoje, as listas dos aprovados em primeira etapa nos diversos cursos dessa renomada instituição. Os candidatos aprovados nesta etapa estão automaticamente inscritos para a segunda fase, que será realizada a partir da próxima segunda-feira".
Dos 450 candidatos ao curso de Letras Português--Inglês, apenas 75 haviam passado para a segunda fase.

Entre eles, eu. Fui comemorar com meu amigo proprietário do restaurante, que me ofereceu uma cerveja. Na saída, comuniquei meu sucesso às conhecidas amigas que aguardavam companhia para a noite e elas vibraram com meu parcial sucesso.

— Esse "padrinho" vai longe! — vaticinou uma delas.
— Quando virar governador, não se esqueça de *nóis*! — emendou a outra.

Não tinham a mínima ideia do que significava um singelo curso de Letras, as agruras do magistério e os minguados salários...

Após a segunda etapa, restaram apenas 35 aprovados aptos a frequentar o curso, tendo sido eliminada a segunda turma naquele ano por falta de alunos, ou candidatos aptos. Era assim: sem média mínima não se ingressava na universidade pública. A mim coube, então, o segundo lugar, posição que me lisonjeava e estimulava sonhos e devaneios. Poderia — quem sabe? — destacar-me, conseguir alguma bolsa futura e ir para o exterior. Porém, para concretizá-los, ao menos em parte, deveria, primeiro, garantir um trabalho e um teto.

Enquanto aguardava a matrícula, permaneci no meu quartinho, continuei servindo mesas e lavando louças para garantir a alimentação. Nas horas vagas — e eram muitas! —, perambulava pela cidade em busca de emprego, sem sucesso, porém. Certa tarde, recebi a visita do colega em cuja casa me hospedara na chegada. Estranhei sua presença, mas fiquei muito feliz por vê-lo.

— Meu Deus, a que devo tamanha honra?

Parceiros de teatro estudantil durante anos, adorávamos dramatizar situações cotidianas, repetindo frases decoradas.

Depois de um festivo abraço, explicou-me:

— Venho te trazer uma proposta de trabalho... da parte do meu irmão.

— Opa, isso é bom! Só não sei se vou dar conta do serviço...

— Não, não é comércio... é para dar aulas... de Inglês. Esse meu irmão é diretor de uma escola no município de Guaratuba, aquele em que no ano retrasado afundou uma parte... lembra? Saiu no jornal e a gente viu, lá em Ponta Grossa.

—Ah, sim! É aquela cidade de praia de que nos falava o professor Leônidas Justus. Ele ia sempre pra lá e vinha contando maravilhas.

— Isso mesmo! É lá...

— Nossa! Mas é longe... Como é que eu vou fazer a faculdade?

— Esse é o problema... mas o pessoal lá dá um jeito e ele pode lhe explicar melhor. Você gostaria de falar com ele ao menos? Daí a gente combina. Ele vem pra cá na terça-feira.

Mais um dilema! Bem agora, que me sentia orgulhoso da recente conquista! Antevia um futuro desafiador, mas excitante. Tinha decidido ser professor e poderia fazer um curso respeitado, exigente, que me abriria, possivelmente, portas restritas.

Como manter-me, porém? Por mais que economizasse, as cédulas iam diminuindo no fundo da velha mala e não achara jeito de repô-las, apenas aprisionava-as com os tenazes da continência: o almoço garantido, a água da torneira e um frugal pão com manteiga e uma xícara de café à noite... Inabilitado para atividades urbanas, sobravam serviços mal-pagos e que interfeririam nos estudos. Isso não aceitava. E agora surgia uma luz no fim do túnel.

— Tem um homem aí procurando por você... — comunicou-me a dona da pensão.

— Muito obrigado, senhora! Está lá em cima, em sua sala? — perguntei.

— Não, tá lá na frente do portão... Não sabia quem era, e aqui não dá pra vacilar...

Fui ao seu encontro e notei a semelhança física com o meu colega.

— Bom dia! Sr. Alcindo?

— Bom dia! Sim, Enio?

Convidei-o a ir até o meu singelo aposento. Explicou-me que o professor de inglês da escola havia ido para os Estados Unidos e ele, na condição de diretor, estava à procura de outro.

— Rapaz, como está difícil encontrar alguém que saiba um pouco e se anime a ir trabalhar lá... Além do mais, precisa, no mínimo, estar cursando a faculdade de Letras.

— Pois é, eu nem sabia que alguém não formado pudesse dar aulas...

— Por certo não poderia, mas são poucos os formados pra tanta escola que estão abrindo pelo estado... Até aqui, na capital, faltam professores na periferia...

— Então, seu irmão me explicou assim meio por alto... O senhor poderia dar-me mais detalhes?

Discorreu, então, sobre onde ficava a tal de Guaratuba e a escola. Eram 12 professores formando o corpo docente da escola pública estadual, que, rigorosamente falando, era dirigida por sua esposa, dona Maria José. Apenas dois ou três dos professores eram já formados, e os outros frequentavam a recém-inaugurada Faculdade de Filosofia, Ciências e Letras de Paranaguá. Lecionavam pela manhã e à tarde; após o término das aulas, dirigiam-se de automóvel até a faculdade, retornando entre onze horas e meia-noite.

— Trabalhar lá e estudar em Curitiba, na UFPR, não tem jeito? — perguntei-lhe.

— Difícil, se não impossível...

— Isso significa que eu teria de abandonar a ideia de cursar a universidade da capital e ir para uma cidade menor e uma faculdade que mal está começando?

— É, acho que sim. Mesmo que pudesse ir até lá e dar suas aulas, acabaria perdendo dois dias de aulas aqui... Além de ser uma despesa enorme...

Realmente, eram muitas reticências... ou indagações, que levavam a inquietações. O mais dolorido seria descartar a possibilidade de frequentar a instituição escolhida, após ter tido um resultado, no mínimo, destacado. Não sabia, ainda, quais portas se abririam e até onde poderia chegar, mas me entristecia, porque essa, brilhantemente aberta, provavelmente se fecharia.

— Bom, até agora só vi desvantagens. O senhor me desculpe, mas o que é que eu ganharia com essa mudança de planos?

— É claro que você pode recusar minha proposta. Vejo que é maduro para sua idade e gostaria de tê-lo em nossa equipe, mas você é livre para decidir. Prefere, talvez, dispor de uns três dias para me dar uma resposta definitiva? Só que não posso esperar mais que isso.

— Só me esclareça: eu teria, inclusive, de fazer novo vestibular lá na tal faculdade?

— Sim, e as inscrições encerram-se na semana que vem. Por isso, tenho urgência na sua resposta...

— E a tal faculdade?... É confiável?

— Bom... o que eu posso lhe dizer é que a maioria dos professores de lá reside em Curitiba. O corpo docente é composto de mestres e doutores da UFPR, da Faculdade Católica do Paraná, além de alguns assistentes que atuam em colégios do ensino secundário da cidade de Paranaguá, mas fazem mestrado ou aperfeiçoamento na capital. Em tese, você teria lá os mesmos professores que teria em Curitiba, com poucas exceções.

— E como é que fica o salário? Não faço a mínima ideia do que ganharia, se daria para pagar os estudos, o transporte e um lugar para morar.

— Pelos meus cálculos, somando as aulas de Inglês e mais alguma disciplina que poderá ministrar, deverá ganhar o equivalente a uns três salários mínimos.

Arregalei os olhos. Não pensei jamais que chegaria a tanto. Normalmente, se ficasse em Curitiba, não passaria de um salário e alguma coisinha a mais, além de ter de trabalhar praticamente o dia todo em alguma loja ou escritório.

— Imagino que isso daria pra pagar minhas despesas.

— Certamente, e ainda sobraria um pouco...

— Confesso que essa notícia me anima e prometo pensar com carinho...

Foi então que me alertou:

— Só tem um detalhe: o pagamento atrasa bastante no começo do ano. É que leva tempo para o governo organizar as finanças, a documentação, a folha de pagamento...

— Meu Deus, então não vai dar! Saí de casa com um mínimo pra me sustentar e meu pai me disse que seria o último dinheiro que me dava. Segundo ele, se já tinha dezoito anos, era homem feito e dono da minha vontade, tinha de me virar...

— Eu entendo, essa atitude é bastante comum. Se servir como incentivo, posso lhe garantir que fazemos muitos amigos lá na cidade e a população nos quer muito bem. Eles precisam de professores para seus filhos.

— Mas como é que vou me manter? Acabo ficando até malvisto...

— Bom, comida e hospedagem eu lhe garanto. Falo com os proprietários do hotel e lojas e garanto que eles esperam até recebermos. É fim de temporada... estão com os bolsos cheios agora, mas em breve ficarão às moscas e gostarão de faturar um extra nos meses seguintes. Sabem que o nosso atrasa, mas vem; é dinheiro garantido.

— E a faculdade? É paga, não é?

— É... tem uma parcela mensal, subsidiada pelo governo do estado do Paraná. Se puder, você paga todo mês; se não, acerta quando receber...

— E o transporte? O ônibus até lá, todo dia?

— Não existe ônibus no horário noturno, daí um colega que tem carro faz uma lotação e quando recebemos, paga-se para ele...

— Homem de Deus, agradeço a proposta, mas... posso dar-lhe a resposta em dois dias?

— Claro. Vou ficar em Curitiba com a esposa, lá na casa da mãe. Aguardo você lá até depois de amanhã. Se não aparecer, vou entender como um *não* e irei procurar outro.

— Muito obrigado! Vou ter de pensar um pouco e me organizar.

Passei a noite praticamente em claro. Avaliava vantagens e desvantagens da proposta oferecida. Pensava na cara do pai quando eu chegasse diante dele e dissesse que iria ganhar até três salários mínimos por mês. Para ele — e mais ainda para mim! — era muito dinheiro! E logo eu, que tinha de rodeá-lo, indeciso, temeroso, para receber umas *merrecazinhas*. Se não fosse a mãe e o seu precioso leitinho, eu estava ferrado.

Para os outros, ele era visto como um bem-sucedido empresário. Dono de olaria, vários empregados, proprietário de uma "colônia" e meia de terra, lavoura, porcos em engorda... Jamais o ouviam queixar-se, como eu, com quem desabafava às vezes:

— *Essa gente pensa só no lucro! Não vê as despesas... As telhas quebram, tem muitos que não pagam, os empregados tiram o deles limpo, a despesa com comida é grande, a exatoria está sempre em cima e assim vai... No fim, todos ganham mais que eu!*

Esse desabafo, ouvido algumas vezes, ainda ecoava em meus ouvidos, após anos.

Desconhecendo esses detalhes, então, e considerando-o dramático demais, preferia ficar calado e achegar-me à mãe, que, às vezes, resistia um pouco, contudo acabava cedendo aos meus pedidos. Bateu saudade dela. Pela primeira vez senti peso na consciência por tê-la deixado...

Se aceitasse a proposta, haveria outro problema: afastar-me-ia cada vez mais da namorada. Tirando as poucas tardes de domingo e as fugidinhas rápidas quando ela ia até o seminário visitar a mãe que ali trabalhava, pouco havíamos convivido. Conversávamos muito, mas intimidades eram escassas e projetos, mínimos. Mesmo sós, os encontros eram furtivos, olhos observavam-nos e o pudor e receio controlavam as expansões sentimentais. Prudente ou temerosa, sempre encontrava um modo de abortar meus avanços:

— Pode parar, pode parar... Tá indo depressa demais...

Atendia ao seu pedido e controlava-me, pois, além de convencido por anos de doutrinamento de que tais manifestações eram pecado mortal, sabia que intimidades só poderiam existir após o casamento. Casar virgem — para a mulher — era questão de honra. Ao homem se perdoava, ou até incentivavam-se contatos íntimos — com prostitutas, porém — para que aprendesse a lidar com o assunto. No meu caso, mesmo isso seria inconcebível, pela formação recebida, honesta ou não, dos meus preceptores.

Muito provavelmente, seus parentes próximos já haviam tecido projetos de casamento para nós, porém jamais havíamos conversado a respeito. O fato, contudo, é que, nessa época, namorava-se para casar, constituir família; jamais para divertir-se. No ano anterior, por causa do sucesso das apresentações de nosso conjunto musical, eu fora bastante assediado por outras garotas e vacilei em minha certeza. Mantive-me, todavia, fiel a ela. Mas viera a pergunta: *Valeria a pena, tão jovem, prender-me a uma única mulher? Logo eu, que nada sabia sobre elas...*

Via-me mais ou menos como certo músico, maestro competentíssimo, pai de uma imensa prole, com uma esposa simpática, porém nitidamente uma "antípoda" dele, que assumira a regência de nossa banda e orquestra...

Ele poderia tocar em qualquer grande orquestra mundo afora, todavia a ela — a esposa — só interessavam os filhos bem-vestidos, bem alimentados e frequentando boas escolas; incomodada com os amigos músicos boêmios do marido, seu esporádico sucesso e ele refugiando-se numa marcenaria onde pudesse sonhar e ganhar um mísero salário para alimentar a prole numerosa.

Teria sido para isso que eu saíra de casa, abandonara os pais, as irmãs, as tradições, a mesa farta etecetera e tal?

Mas eu tinha a obrigação moral de, ao menos, ouvi-la, antes de tomar a decisão de me afastar mais ainda dela. Contei o dinheiro restante, fiz os cálculos e surpreendi-a no portão de casa, ao entardecer.

— Nossa, não te esperava! Aconteceu alguma coisa grave ou bateu a saudade?

— Saudade... e precisamos conversar...

— Até posso imaginar... Eu já previa...

— Acho que está se precipitando. Me ouça primeiro!

Relatei-lhe os últimos acontecimentos. E ouvi dela uma revelação:

— Tenho uma irmã que mora lá em Paranaguá... em uma ilha. É chamada "Ilha dos Valadares". Se decidir ir até lá, e não se importar, eu falo pra eles te acomodarem enquanto faz o vestibular.

— Mas como é que você nunca me falou disso?

— Sei lá! A gente ficou tanto tempo guardando segredo, que até se acostumou...

— Segredo por quê?

— É que meu pai não podia saber o endereço deles. Depois, ele faleceu, mas ficou o mistério...

— E por que é que o seu pai não podia saber?

— Papai era um polaco sistemático e muito preconceituoso; *dos antigos*, como se dizia. Um dia apareceu lá no sítio, em Itaiacoca, um rapaz negro pedindo emprego. Ele não ia dar, mas *tava* precisando mesmo de alguém pro serviço mais pesado e acertou com ele. Trabalhava bem, ficava no canto dele e acabou por lá. Um dia, a mãe pegou uma irmã minha de beijos com ele. Quase desmaiou... tinha certeza de que o pai, se soubesse, ia matar o rapaz ou ser morto por ele. Daí, mamãe chamou a mana e ela confessou que já fazia algum tempo que se encontravam assim, escondidos... E tinha mais: já tinham deitado juntos e ela estava com a menstruação atrasada. Aproveitando uma tarde em que o pai foi até a cidade de Ponta Grossa fazer compras, de carroça, ela nos reuniu e explicou a situação:

— A desgraça aconteceu e pode ficar pior ainda. Se o pai descobrir, eu sei que ele mata os dois, o Miro e a mana. Daí a desgraça vai ser maior... Vocês sabem como ele é... O mano foi com o pai e não pode saber de nada que conversamos aqui, entenderam?

Hoje de noite eles vão fugir. O pai já vai chegar com uns tragos na cabeça, vou servir a janta e ele vai beber um pouco mais, depois vai dormir como uma pedra. O mano dorme cedo e vocês vão se aquietar. Os dois vão sair no meio da noite e vão embora... Pra onde? Só eu sei! E vou negar sempre. Vou fazer um escândalo, mas de mentira. Eles levam só uma trouxinha de roupas e têm um dinheirinho que o Miro poupou. Quem sabe um dia o pai muda de ideia e a gente se encontra de novo...

Eu ouvia o relato de queixo caído. Não podia imaginar um "polaco" preconceituoso. Havia-os visto sofrendo preconceito, isso sim. Certa feita, um italiano, artesão, que consertava as carteiras escolares no seminário, começou a tecer comentários maldosos de outros imigrantes: "Alemão ainda passa, mas polaco é um negro do avesso". Revoltei-me e saí de perto, pois não tinha tamanho para enfrentá-lo. E agora estava diante dessa revelação, um segredo de família.

— Mas e daí? Como acabou essa história? — perguntei, ansioso.

— O pai nunca aceitou. Culpou a mãe, que alegava que não sabia de nada, que haviam fugido em segredo nem tinha a mínima ideia pra onde haviam ido. Cobrou de nós, porque julgava que alguém deveria ter sido cúmplice... Informou-se pelos arredores, com vizinhos, porém não conseguiu nenhuma pista. Passou a beber mais, adoeceu e morreu...

— E sua irmã veio pro enterro?

— Nem pensar! Só soube tempos depois. A mãe conseguiu o endereço com uma irmã mais velha, que já morava em Curitiba, e foi descobrir onde ela se escondia...

— Nossa, que história! Parece até um daqueles romances antigos... e você já esteve lá na casa dela?

— Já, uma vez. É uma casa simples, isolada no meio da ilha. Pra ir lá, só de barco ou canoa. Quase todo mundo lá tem uma ou pede emprestada. O pessoal é muito bom, com certeza eles te receberiam...

— Será? Não gosto de incomodar e vou ter de ficar uma semana inteira. E cada dia uma prova longa de uma ou duas matérias, vai ser de segunda a sábado.

— Eles são muito bons, vão te ajudar com certeza!

— Mas como a gente vai saber? Vou chegar assim, na cara dura?

— Eu tenho algum dinheiro e vou com você no sábado. Daí, depois que estivermos lá, a gente conversa e se acerta...

Não achei a proposta absurda. Éramos assim: pobres e solidários. Papai sempre mantivera a porta aberta, mesmo para as pessoas estranhas, desde que recomendadas ou ligadas a alguém que conhecesse. Bastavam algumas perguntas e já sabia das origens. Pouso e comida não lhes faltariam.

Decidi, então, aceitar a oferta e encarar um novo vestibular. A proposta de trabalho estava vinculada à minha aprovação na tal faculdade. Mesmo assim um vazio imenso tomou-me conta por ter de abandonar a vaga na capital, na tão sonhada universidade federal.

No sábado cedo, tendo deixado a bagagem na casa do amigo que me acolhera antes, esperei a namorada na estação rodoviária, já no primeiro ônibus. Adiantei-me e comprei as passagens para o litoral. Embevecido com a paisagem da Serra do Mar, que só conhecia pelos compêndios de Geografia, quase esqueci que estava acompanhado. Ela, compreensiva, sorria para o meu entusiasmo quase infantil. Há tempos não via uma floresta tão densa cortada por uma estrada asfaltada com pontes gigantescas.

— Olha! Ali embaixo fica Morretes e lá adiante é a Baía de Paranaguá. Lá tem um porto. — esclarecia minha pretensa guia.

— Sei, é o Porto de Paranaguá. Mas você já conhece isto aqui?

— Claro, é por aqui que se vai a Guaratuba. Lembra do que te escrevi, das férias, dos padres... Foi por aqui que viemos, só que de carro.

— Ah, então é por aqui que também se vai até Guaratuba...

— Um pedaço, lá embaixo, no pé da serra, muda pra outro rumo. Acho que é pra lá! — apontou para a direita.

Chegando a Paranaguá, topamos com uma multidão muito animada. Um bloco de carnaval fazia seu ensaio para o desfile que se aproximava.

— Dizem que é o melhor carnaval do Paraná. — comentou a namorada.

Informamo-nos sobre a tal Ilha dos Valadares e, muito gentilmente, indicaram-nos a direção a seguir. Diante do que eu soube depois ser o rio Itiberê, no cais de pedras, caminhava o negro mais preto que já vi em minha vida. Imediatamente perguntei à minha companheira:

— É aquele? — apontei com o dedo.

— Acho que sim, faz tempo que não o vejo...

Esboçou um tímido sorriso e veio em nossa direção. Cumprimentamo-nos sem muita efusão. Mostrava-se receoso, meio envergonhado até.

— E a mana como está?

— Bem, bem... Teve que ficar lá, tomando conta do menino...

— Então é lá do outro lado? E como se vai até lá? — perguntei, curioso.

— De canoa, um amigo me emprestou a dele...

Assim, literalmente *embarcamos* com nossa bagagem, e ele conduziu-nos até a outra margem.

— Que planta estranha é essa aí na margem? — perguntei.

— *Mangue*, não conhece?

— É a primeira vez que vejo. Que raiz esquisita! Parece uma mão aberta com os dedos enfiados na água. E cresce assim, dentro da água?
— É, acho que sim. A maré vem e vai e fica um pouco fora, um pouco dentro da água...
— Estranho, nunca tinha visto.
Devolveu a canoa ao amigo e convidou-nos a subir o barranco. Passamos em frente a uma pequena capela e rumamos adiante por uma trilha aberta no meio do capim alto. Não havia ruas; apenas trilhas. O caminho conduzia até a frente de casas humildes cercadas de bambus, e dali recomeçava, rodeando eventuais obstáculos, como árvores, buracos de erosão, cercas de taquaras, até atingir a próxima edificação. Após meia hora de caminhada, alcançamos a sua casa:
— É essa aí! É o nosso *rancho*...
Não foi uma metáfora; era, de fato, um rancho de caboclo humilde. Na porta, com um bebê no colo, esperava-nos a mulher branca mais branca que eu já vi em minha vida. Cabelos louros, olhos claros, sorrindo emocionada para a irmã que há muito não via. A namorada tinha cabelos pretos e olhos verdes; nem pareciam irmãs, a não ser pelos traços fisionômicos.
Já dentro da casa, pude ver que apenas a minúscula salinha e — descobri depois — o quarto do casal tinham assoalho e forro. Via-se que estavam nitidamente constrangidos pela pobreza do ambiente e do mobiliário. Desculpavam-se e baixavam o olhar.
Excluindo as descrições em minhas leituras, especialmente de autores europeus, não fazia ideia do que seria uma ilha. Havia visto o mar, em Santos, apenas uma vez

na vida. Imaginava que, tendo árvores e sendo cercada pelo mar, a água dali deveria ser abundante e boa. Como estava com sede por causa da caminhada, pedi um copo e tive de beber água que me pareceu suja e com gosto forte. Nada demonstrei, todavia, que pudesse constrangê-los.

O almoço foi memorável. Arroz branco, simples, postas enormes de peixe saborosíssimas e camarões que mal caberiam na palma da mão, acompanhados de farofa e saladinha fresca. Jamais havia experimentado pratos tão deliciosos. Desfiz-me em elogios, que os deixou visivelmente felizes. À tarde, ouvi histórias e estórias. Relataram as agruras vividas após fugirem de Ponta Grossa e esconderem-se ali, tudo fazendo para não serem notados e, pior, delatados. A população local desconfiava daquele negro casado com a jovenzinha branca que mal saía de casa. Perceberam, com o passar dos dias, que entre eles havia amor, paixão e que se davam muito bem.

Certa hora, o dono da casa dirigiu-se a mim, com um tom pretensamente solene:

— Seu Enio, a cunhada me disse que o senhor precisa de um lugar pra ficar porque vai fazer umas provas aí na faculdade...

— É, Miro, eu preciso, sim. Vai ser uma semana, ou até o próximo sábado...

— Bom, o senhor...

— Deixa o "senhor" de lado, Miro. Temos quase a mesma idade e se alguém pode ser chamado de "senhor", é você...

— Desculpe, é o costume... Mas, como ia dizendo, você já viu onde moramos, o que comemos. É isso aí, se estiver bom pro se..., pra você, da nossa parte será uma alegria. É peixe todo dia, com outros frutos do mar. É que eu trabalho numa empresa de pesca e eles dão uma cota pra nós.

— E o senhor, opa, você, ainda pergunta se tá bom? Nunca comi peixe e outros bichos tão bons como esses... Só tem uma coisa: não vou poder lhe pagar nada agora, mas espero algum dia retribuir por tudo que está me dando.

— Então estamos acertados. E deixa pra lá essa conversa de pagar...

— Obrigado, Miro! Mas tem mais uma coisa: eu vou incomodar vocês...

— Por quê?

— É que as provas são sempre à noite. Começam às sete e terminam às dez horas. Preciso de alguém que me atravesse o rio e depois, pelas dez, ou dez e meia, vá me buscar...

— Verdade. Só tem um barco que volta às onze, e é o último. Mas eu faço isso com prazer. A canoa fica parada de noite mesmo.

Estando a sós com a namorada, falei-lhe:

— Meu Deus do céu, como são bons!

Ao que ela respondeu:

— Não te disse? E o pai, na época, se alcançasse os dois, matava... pelo menos ele.

O calor, o suor e os mosquitos obrigaram-nos a um banho no rio Itiberê no final da tarde. Na casa humilde, havia apenas dois baldes e uma banheirazinha de folha de flandres para o bebê. Necessidades noturnas resolviam-se atrás das bananeiras, no fundo do pequeno quintal.

Acomodamo-nos — a namorada e eu — na sala, sobre um colchão improvisado. Conversamos mais um pouco, revendo ou fazendo planos, embalados pela desagradável cantilena de nuvens de pernilongos ainda em jejum. Entre muitos tapas e alguns beijos, dormimos. Buscando aconchego, fui repelido:

— Pode parar! Vai pro teu canto! Aqui, só depois de casar...

Era a primeira vez que o termo surgia entre nós. A relação estava ficando séria...

Logo após o almoço, a namorada partiu. Deveria trabalhar na manhã seguinte. Passei o resto da tarde perambulando pela ilha, entrando em pequenos botecos e sendo apresentado aos nativos pelo meu cicerone e potencial concunhado.

Na manhã seguinte, bem cedo, acompanhei-o ao continente, vagueei pelo Mercado Municipal e arredores, dirigindo-me à faculdade para fazer a inscrição ao exame. Naquela noite, faria a primeira prova. Por sorte, a cidade era ainda pequena e as distâncias, curtas. Preparei as ferramentas que comigo levara: a cédula de identidade e uma caneta Bic, sem tampa — que se perdera — e sem a proteção traseira, contudo estava com a carga acima da metade. Deveria ser suficiente.

Antes da prova, deparei-me com um grupo razoável de jovens e adultos trocando ideias e informações. Enturmei-me e descobri que parte deles não era dali. Vinham de cidadezinhas dos arredores, cujos nomes me eram, então, estranhos: Matinhos, Morretes, Antonina, Praia de Leste... Os de Paranaguá eram diferentes: isolados, menos espalhafatosos e com certo ar de autoestima mais elevada, digamos.

As provas apresentavam o mesmo padrão daquelas da capital. Resolvia-as com segurança e permanecia quase até o final, revisando detalhes. Afinal, queria fazer um belo papel e garantir o emprego. Ao chegar ao cais, lá estava o Miro com uma lanterna a esperar-me. Sentava-me próximo à proa e iluminava o trajeto a fazer. Assim foi, de segunda a sexta-feira.

Estando em casa, pela manhã, buscava ser útil, limpando o quintal ou prestando algum outro pequeno serviço em intervalos dos meus estudos. O dono da casa retornava para o almoço com seus belos filés de peixes variados e sortidos frutos do mar. À noite estava sempre lá, a postos e faceiro para me levar ao destino e retornar três horas depois. Sentia-me em profundo débito com ele...

Terminada a maratona de provas, só restava aguardar o resultado, que podia ser obtido por telefone. O "fixo" era então privilégio de poucos. Dirigi-me ao posto telefônico:

— Ah, sim. O senhor foi aprovado. Parabéns, em segundo lugar! — disse-me a voz do outro lado.

Já estava habituando-me a esse resultado. Interessante que, mais tarde, procurei muito quem teria obtido o primeiro lugar, contudo jamais identifiquei quem foi. Devia ter desistido de frequentar o curso, como fizera eu na UFPR. Teria, ainda, quase um mês para efetuar a matrícula e mais um para o início das aulas. Deixei a documentação solicitada para assumir as aulas com o futuro diretor e reuni o necessário para a matrícula.

Nada melhor, então, do que retornar à casa paterna, dar as boas-novas, conviver com os pais e os irmãos antes de retornar definitivamente e ir conhecer o futuro local de trabalho.

Como eu previra, papai, agora, levava-me a tiracolo como um troféu:

— Imagina, compadre! Com essa idade — só dezoito anos — e já vai ganhar três salários mínimos!

Os amigos de carteado, vizinhos, seu Mário, seu Domingos, o Sereno Caumo, o padrinho Durvalino e tantos outros que me viram nascer sorriam e parabenizavam-me. Mal sabiam que essa quantia, na cidade grande, onde tudo, absolutamente tudo, era pago, mal daria para me sustentar...

Papai pagava a cerveja, enquanto assistíamos à corrida de cavalos em cancha reta, de que o padrinho Durvalino era o dono e onde o Baio do Chico Largo mantinha-se o campeão imbatível, mas sempre desafiado... Para que não houvesse dúvidas do resultado — às vezes "apertado" — lá na ponta, estaria o Cenhair Partichelli com a sua infalível Kodak registrando a chegada, apoiado em uma vara de laranjeira-brava. Se houvesse dúvidas, na manhã seguinte a fotografia confirmaria o resultado.

CAPÍTULO 4
Vida nova

Foram dias de muita ansiedade os que passei, então, em casa. Recebi um convite das autoridades locais para ministrar um curso de História do Brasil a professores do ensino fundamental do município, candidatos a um concurso iminente. Entretinha-me, assim, fazendo o de que já gostava e, ainda, arrecadava alguns bem-vindos cruzeiros para futuras despesas. Continuei a ajudar o padre amigo, Getúlio, atraindo jovens à igreja e ensaiando canções modernas para tornar a missa dominical mais animada. A saída do seminário, com todos os percalços, não significara um rompimento com as crenças, assim como queria bem a diversos padres que julgava decentes. Revisitei, também, várias das casas de conhecidos, que, em um passado recente, nem me notavam, mas que, graças aos agradáveis saraus, insistiam para que eu cantasse com eles.

Quando retornei a Guaratuba, a despedida dos familiares já não foi mais tão dolorida. Em primeiro lugar, porque nem sequer me atrevi a pedir ao pai mais dinheiro, pois havia sido taxativo quando dissera, da vez anterior, que aquele seria o último que me dava; em segundo, havia juntado alguma *quirera* com o curso ministrado; em terceiro, porque a mãe — sempre ela! —, com seu bondoso coração, forçou-me a aceitar mais alguns trocados para necessidades extras. A pouca bagagem também já não era tão pesada. A maior parte aguardava-me na casa do amigo, em Curitiba, onde, no dia combinado, cerca de um mês antes, o irmão me apanharia para conduzir-me ao destino, a Praia de Guaratuba.

Apesar do orgulho do pai pelo *alto* salário que eu iria ganhar, os mais esclarecidos viam com certo desprezo minha opção pelo curso de Letras e pelo trabalho de professor. Por que não Agronomia, Veterinária ou Medicina? Isso, sim, seria útil e lucrativo!

Não os recriminava. De certa forma, estavam certos, pois eram pessoas práticas e seu universo girava em torno de animais, plantas e doenças... Cultura era algo inútil; coisa para padres, pastores, advogados e juízes, todos improdutivos e perigosos; perfeitamente dispensáveis em sua concepção.

Eu mesmo, ao decidir não mais seguir a carreira eclesiástica, havia hesitado na escolha. Gostava da terra, de plantas e inclinei-me para a Agronomia, mas as tais *Ciências Exatas* não eram meu forte e exigiriam dedicação integral. Por sua vez, a formação humanista despertara verdadeiro amor pela Arte, pela História e pelas diferentes culturas, e a maioria dos professores dessas matérias realmente me inspirava. Já os outros me decepcionavam... Diante disso, vacilava.

Foi um filme, porém, que determinou a escolha: *Ao mestre, com carinho* (*To sir, with love*). Era começo de outubro e o cineteatro Ópera, então muito frequentado, em Ponta Grossa, apresentava o clássico com Sidney Poitier. Ofereceram, como de praxe, uma sessão especial a preços módicos para estudantes, e lá fomos nós, sobre a carroceria do caminhão, assistir ao espetáculo. Encantei-me com a estória, com o protagonista, com a canção e decidi, então, viver aquela experiência. Canalizei todas as energias para preparar-me. De alguma forma, dava-me, também, paz, pois o que é um bom mestre senão um sacerdote? Um novo Dom Bosco, talvez, recolhendo e salvando jovens, encaminhando-os para uma vida digna, profícua e feliz. Havia lido sua biografia e elegi-o como um modelo a seguir.

Sabia que não me tornaria rico, possivelmente, nem ganharia o salário que, de fato, merecia, todavia seria um cidadão realizado e feliz. Dediquei-me, então, de corpo e alma ao projeto. Vinha-me à mente a figura do tio Etvino, irmão de mamãe, que de tempos em tempos surgia para uma temporada em nossa casa. Havia estudado com os padres jesuítas em Novo Hamburgo e demonstrava uma cultura fenomenal, ao menos para nós, isolados no interior. Narrava histórias, discorria sobre terras distantes, escrevia poemas — sonetos, inclusive — e encantava as plateias... Podia não ter dinheiro, mas era amado e admirado por todos que o conhecessem. Eu só não entendia por que não frequentava a igreja, não ia a missas e fugia dos terços em família. Eu rezava muito por ele e tentava convertê-lo, à espera de um milagre que jamais aconteceu.

Mas voltemos ao filme!

Não sosseguei enquanto não consegui descobrir os acordes da canção-tema do filme, tão bem interpretada pela jovem cantora, fazendo jorrar lágrimas não apenas do idealista professor negro, mas também da plateia silenciosa. Eu amava a música, tinha certo dom e poderia utilizá-la para cativar os mais ariscos e avessos ao estudo. Recordava tudo isso a caminho de uma vida nova em um lugar estranho.

Encontrei meu futuro diretor, agora em companhia da simpática esposa, dona Maria José. Após um rápido café, transferi a bagagem para seu carro e partimos rumo ao litoral. Olhar preso à janela, devorava cada metro da paisagem, especialmente a parte ainda não percorrida. Terminada a acidentada serra, a estrada tornava-se toda plana. Jamais havia visto paisagem como aquela, com tanta mata e espécies diferentes de árvores. Estranhava, porém, a ausência de áreas plantadas, a não ser uns ralos pés de mandioca e algumas canas-de-açúcar.

Ao chegar ao ponto de travessia, admirei aquela "balsa" enorme e de ferro. Conhecia aquelas do rio da Várzea, de madeira, amarradas a um cabo de aço e puxadas no muque. Mas assim, enormes e com motor, era a primeira:

— Chama-se *ferribote* — explicou-me o sr. Alcindo.

— Ah, deve ser uma adaptação do termo *ferryboat*, do inglês...

— Isso mesmo. Mas então você já conhecia...

— O nome sim. Das leituras, em algum romance que se passa em Londres, creio...

Ao chegarmos ao destino, dona Maria José acomodou-me na sala, e o marido falou:

—Acho que não precisa nem retirar sua bagagem do carro... Nós almoçaremos e, em seguida, vou levá-lo ao hotel pra você se ajeitar. Já acertei tudo lá. É aquilo que combinamos: você só vai pagar quando recebermos. Terá um quartinho e três refeições diárias... Pra qualquer despesa extra, imagino que disponha de algum dinheiro...

— Ah, sim, não se preocupe.

A administradora do hotel, dona Nair, recebeu-me sorridente e simpática, enxugando as mãos no avental. Chamou a empregada e uma jovem, explicou-lhes quem eu era e recomendou-me aos seus cuidados:

— Meninas, tratem bem esse moço! Ele vai ser seu professor.

O pequeno hotel de madeira, em dois pisos, diante do mar, era despretensioso, mas acolhedor. Bastava atravessar a rua e já se pisava a areia da Praia Central. Parecia-me estar vivendo um sonho ou uma página das muitas narrativas que havia lido.

Despertou-me a funcionária que me conduziu a um quartinho nos fundos.

— Por enquanto, o senhor vai ficar aqui, professor. Ainda estamos em final de temporada e vêm hóspedes, especialmente nos finais de semana. Depois, o senhor muda para um quarto maior lá dentro. Pode ser?...

— Claro, aqui está ótimo!

A mobília compunha-se de uma cama, um criado-mudo e uma mesinha de leitura. Precisava de mais? Acomodei a enorme mala perto da janela e sobre ela o pesado estojo com o violão inseparável.

— Vamos fazer o seguinte: — disse-me o diretor, quando retornei à sala —, você agora fica por aqui, acomoda-se, dá um passeio pelas redondezas, que eu tenho alguns problemas a resolver. Amanhã cedo, eu passo te apanhar e vamos conhecer a escola e ver detalhes do trabalho...

— Sim, senhor; para mim, está ótimo.

Era uma tarde belíssima de final de fevereiro. O mar infinito estendia-se a perder de vista bem ali, diante dos olhos. Aquilo tudo agora era meu. Bastava-me agarrá-lo... De camiseta, *short* e chinelo de dedo, andei pela praia quase deserta até o morro à direita.

Uma enorme estátua de Cristo com a mão estendida sobre a cidade erguia-se majestosa, e havia uma escada para chegar até lá.

— *Então esse aí é o Morro do Cristo, de onde ela me escreveu aquela carta no ano passado, relatando a sua decepção com os padres que a assediaram...* — pensei com meus botões.

Subi lentamente os degraus. A vista deslumbrante acelerou o coração! As ondas batiam nas pedras lá embaixo, transformando-se em névoa e espuma. No céu límpido, voavam pássaros enormes — gaivotas e albatrozes — que só conhecia de leituras e fotografias. Uma aragem fresca aliviava o calor. De repente um grupo de golfinhos surgiu nadando veloz na crista das ondas...

Eu devia estar no paraíso! Ninguém dos meus amigos e conterrâneos jamais devia ter visto algo assim... Não faziam nem ideia de como era. Senti-me, de fato e mais uma vez, um ser privilegiado. Melhor nem comentar, que, por certo, não acreditariam:

— Vá, vá! Capaz! Peixe grande e ainda por cima da água! Menos, é!

Andei sobre as rochas enormes com muito cuidado, porque tinha noção do perigo a que me expunha. Retornei e dirigi-me ao outro extremo da praia. A faixa de areia terminava próximo a outro morro aparentemente intransponível.

— Dá pra passar, mas eu não recomendo — disse-me um senhor que retornava.

— E esse lugar tem um nome?

— Sim, essa é a Praia das Caieiras... ou o caminho até lá.

— Muito obrigado, senhor! Mas isto aqui é lindo!

— Com certeza! Primeira vez na cidade? Seja bem-vindo, então!

Retornei exausto. Tomei um refrescante banho e fui organizar a roupa. O sol praticamente se punha no horizonte quando saí do quarto. Avisaram-me que o jantar seria servido em breve e fui aguardar sentado na varanda, apreciando o mar e o já reduzido movimento por ser final de temporada.

Após o jantar, apanhei o violão e acomodei-me sobre o degrau da calçada, no espaço entre os quartinhos de aluguel e o banheiro de hóspedes. Em 1970, não havia, ainda, televisão na sala; rádios eram comuns em automóveis, contudo. Embora já existissem os portáteis, poucos os levavam consigo. O período noturno gastava-se com conversas, jogos, saraus musicais e caminhadas, até que chegasse a hora de dormir.

Afinei, então, o pinho, que há tempos repousava mudo, e comecei a dedilhar alguns solos que dominava mais ou menos, e o som tomou conta do ambiente. *Rasqueei* alguns acordes sonoros e testei a voz. Animei-me, cantando algumas canções que já praticava há anos. Não buscava plateia, apenas tinha o hábito de cantar, fosse sozinho ou com os outros. Aos poucos, foram surgindo alguns curiosos, formaram um círculo e acompanharam-me em algumas letras por serem nacionalmente conhecidas. O repertório local era um pouco diferente do meu, mas acabamos interagindo. Um casal — o único que ainda permanecia no hotel — aproximou-se, acomodando-se. Seu sotaque era castelhano, mas tinham traços nitidamente germânicos.

— De onde são? — perguntei-lhes.
— Misiones, Argentina...
— Mas me parecem de origem alemã...
— Sim, mas descendentes. Nossos avós vieram da Europa há quase um século...
— Coincidência, eu também tenho ascendência austríaca e alemã. Então talvez conheçam um cantor popular alemão, Freddy Quinn.
— Não, esse nome, inclusive, soa mais como inglês...
— De fato, eu também pensei, mas é alemão ou austríaco. Deve ser o nome artístico dele. Vou cantar uma canção sua. Chama-se "Heimatlos" (sem lar ou sem-teto).

Mesmo sem nada entender da letra, a não ser o casal, a plateia apreciou e passamos bons momentos até esgotar-se o meu exíguo repertório. Formara, por meio da música, uma pequena legião de amigos, como pude constatar na manhã seguinte.

Recolhemo-nos às dez horas, obedecendo à lei do silêncio, ali obedecida à risca.

Na manhã seguinte, logo após o café, o sr. Alcindo apanhou-me no hotel e levou-me para conhecer o "ginásio". Era uma edificação humilde, de madeira, limpa e bem pintada, composta de quatro salas de aula, a secretaria, a sala de professores e dois banheiros. Atendia às necessidades da época. Estávamos em 1970, e os "ginásios" espalhavam-se por todo o país, com turmas pequenas, até por não ser obrigatório cursá-los. Na minha cidade natal, Constantina, a primeira turma, que se iniciara por volta de 1962, fora até motivo de orgulho cívico. Os primeiros alunos, todos adultos, eram apontados nas ruas, tamanha era a admiração pelo fato de o estarem cursando...

— Posso-lhe garantir que o povo daqui gosta muito do nosso trabalho — disse-me o diretor.

— Poxa, que bom!

— E a molecada estuda mesmo ou só quer farrear?

— Garanto que o estudo aqui é puxado. Os professores levam muito a sério sua responsabilidade. Não damos moleza, não!

— Isso é ótimo! Sempre tive certo receio da "escola pública". Não tem boa fama...

— Mas esta aqui tem! Somos amigos, parceiros, porém prezamos muito a qualidade...

Ao lado, erguia-se uma sólida construção em alvenaria. Seguramente muitos anos mais velha que a escola, contudo bem mais imponente.

— E essa construção, aí? Faz parte da escola? — indaguei.

— Não. É o que chamam "Escola de Pesca"...

— Ah, é? Profissionalizante, então?

— Não. Pode até ter sido... Hoje abriga menores órfãos ou pobres...

— Nem sabia que existia isso... Como é que funciona?

— Não sei bem, mas parece que os pais, quando não têm condições de criar os filhos, vão até o governo e pedem pra internar os meninos. Aí eles recebem comida, vão pra escola até poderem trabalhar... É mantida pelo IAM ou Instituto de Amparo ao Menor.

— Será que conseguem bons resultados? Devem se sentir muito sozinhos...

— É a nossa realidade, seu moço. Bem-vindo ao mundo real. Mas agora vamos ver o seu caso... Faculdade, tudo certo. Moradia, tudo certo? Falta-lhe alguma coisa?

— Por enquanto está tudo bem... Só preciso saber sobre o material didático a ser usado, horários das aulas, além de conhecer os colegas com quem irei até a faculdade em Paranaguá...

— Isso vai ficar pra semana que vem... Só tem uma coisa: o governo exige uma declaração de que não existe nada contra você lá no DOPS. Acho que não tem, certo? De qualquer forma, eu irei com você, porque ainda não tem 21 anos e eu, na condição de diretor, preciso responsabilizar-me por você...

— Nossa, mas essa Delegacia de Ordem Social e Política é fogo, hein? Até isso?

— Até isso... Mas mantenha a calma e não me vai reagir assim lá com eles, senão...

Fomos. Pesquisaram em seus fichários e nada encontraram que me desabonasse. Concluí que minha rebeldia não havia ultrapassado os limites do seminário. O diretor assumiu total responsabilidade por meus atos e, dispensados, retornamos. Aproveitei o final de semana para visitar os novos amigos na Ilha dos Valadares, porque depois seria difícil.

Na segunda-feira cedo, dirigi-me à escola. Seria o início das atividades e todos nós deveríamos estar lá, recepcionando os alunos. Conheci os novos colegas, apenas um pouco mais velhos que eu. Meus alunos tinham entre onze e quinze anos na maioria. Com apenas dezoito, eu mais parecia um colega deles.

Tinha tido já um ano de experiência com aulas de catequese para crianças e possuía certa maturidade que, em termos intelectuais ao menos, o seminário me havia dado. Assustava-me um pouco o contato com tantas garotas e pude notar, então, serem extremamente bonitas, simpáticas e muito à vontade para perscrutar-me até o fundo dos olhos... Pareceu-me ouvir uma que sussurrou à colega:
— Meus Deus, que olhos!
Devo ter corado, mas lembrei as palavras do diretor:
— Não se esqueça de que aqui você é o professor! — dissera-me ele dois dias antes — Firmeza, segurança, autoridade, respeito... Não se intimide, nem abuse...
Lembrava-me do Sidney Poitier e do professor que muito me inspirou, Daniel Bervique: simpatia, doçura e firmeza. No trato com jovens, esse conjunto funciona sempre...
Evitei olhares e distribuí sorrisos, mais para os tetos e para as paredes que para os alunos. Assim, sobrevivi ao primeiro dia e animei-me para os outros a virem...
Como não eram muitas as aulas, sobrava-me tempo bastante para entreter-me. O mar continuava a grande atração. Era uma paisagem nova e estimulante para mim, mesmo que a curiosidade tivesse sido despertada há muito pelas narrativas de Júlio Verne, Emílio Salgari; os relatos de alguns velhinhos imigrantes, narrando o que viveram ou ouviram dos ancestrais a caminho da América, as tempestades, as surpresas, os riscos, os corpos de mortos lançados ao mar... Habituado a rios com poços de fundo pedregoso e geografia traiçoeira, a maciez da areia e a profundidade relativamente segura, se

respeitada, estimulavam-me a divertir-me e esbaldar-me com o vigor próprio dos jovens.

A temporada de veraneio, nessa época, estendia-se praticamente até março, início nacional do período letivo. Durante a semana, o movimento ia tornando-se cada vez menor, contudo, nos finais de semana, lotavam-se as praias, e o burburinho na pequena cidade tornava-se intenso. Aproximava-me, então, dos jovens, principalmente, e, orgulhoso, apresentava-me, estabelecendo relações de amizade, sedento por inteirar-me de novidades. Fiz, pela primeira vez, contato com alguns rapazes e moças norte-americanos de passagem por ali, tentando com eles pôr à prova meu domínio da língua inglesa. Tendo tido uma instrução totalmente acadêmica e "escolástica", nem sempre me entendiam de imediato e eu aproveitava para aprender sobre a coloquialidade do seu idioma, algo a que não tínhamos acesso pelos minguados meios de comunicação da época e isolamento em que vivíamos por causa do regime militar.

Perguntava-lhes, às vezes:

— *And what about my English? Can you understand me?*

— *Sure... but... that's not the way we usually speak.*

— *Well... I would say that you have a university English...*

Devia entender como um elogio? Seria uma crítica? Ou estariam saindo pela tangente?

CAPÍTULO 5
A faculdade

No dia 2 de março, uma segunda-feira naquele ano de 1970, iniciaram-se as aulas em todas as escolas do país. Estava, garanto-lhes, enfastiado daquelas férias longas e ansiava por começar o duplo ano letivo — de aluno universitário e de professor.

Ao final da tarde, em companhia de mais três colegas, dirigi-me para o primeiro dia de aulas na faculdade, em Paranaguá, uma rotina que se estenderia por quatro anos. Tínhamos de sair às pressas da escola, enfrentar a travessia do *ferryboat* e, em seguida, rodar velozmente por quarenta minutos para lá estarmos no início das aulas. Às vezes, sobravam alguns minutos para um breve lanche; outras, para um cabisbaixo pedido de desculpas pelo atraso que nos faria sermos notados por colegas e professores e, geralmente, compreendidos...

Tão ansioso quanto pelo trabalho, estava pelos estudos. O que seria essa faculdade? Teria tomado a decisão acertada ao abandonar um curso na UFPR para ingressar em uma instituição principiante, de interior? O edifício era novo e bem construído, com salas amplas e arejadas, boas carteiras escolares, mas e os mestres e colegas? Esses, com certeza, influenciariam na qualidade do ensino e da formação.

Procurei manter-me discreto sobre minhas origens e formação. Com raras exceções, os colegas eram oriundos da rede pública de cidadezinhas próximas. A maioria — pude descobrir em conversas — não havia lido mais que uns cinco romances em língua portuguesa durante toda a vida estudantil pregressa, e o contato social e de horizontes praticamente se limitava, no máximo, até a capital do estado, aonde pouquíssimos já haviam ido. O que os levava a frequentar uma faculdade era o estímulo dos pais para poderem lecionar nos novos "ginásios" locais, ganhando, como eu, um salário privilegiado diante da carência geral de empregos.

Nossos professores desciam a serra compartilhando um automóvel, assim como fazíamos nós, os alunos oriundos das redondezas. Como o movimento entre as pequenas cidades litorâneas fosse mínimo, findo o verão, nenhuma empresa interessava-se por manter uma linha de ônibus regular que atendesse usuários em horário tão impróprio.

Por suas apresentações pessoais, pude confirmar que, de fato, alguns dos mestres lecionavam na UFPR e na, hoje, PUC, ou em alguma outra faculdade pelo interior do estado. Pessoalmente, sentia considerarem os alunos locais como de "segunda classe", sem muitas expectativas em relação a sua capacidade e, talvez por isso, seguros de nenhuma cobrança por parte deles quanto ao padrão das aulas ministradas. Provavelmente sabiam bem melhor do que eu das dificuldades, da carência de conhecimentos dos alunos e dos malabarismos que teriam de executar para mantê-los no curso, formá-los e entregá-los, enfim, ao mercado de trabalho, que era o escopo da faculdade.

Em relação aos colegas, fui, paulatinamente, confirmando as suspeitas. Poucos eram aqueles que, em sete anos de estudos (ginásio e colegial), tinham formado uma base mínima para encarar uma faculdade. Haviam, provavelmente, frequentado o "ginásio" e o "colegial", apenas como uma rotina sem objetivo ou compromisso maior. Toda e qualquer matéria era "grego" e não seria agora que iriam — com limitações de tempo e recursos — resgatar os anos mal aproveitados. Seriam futuros professores de Português, mas desconheciam totalmente a gramática e a estrutura da língua, nem histórica, nem normativa. Lecionariam Literatura Portuguesa sem jamais terem lido uma obra sequer de autores lusitanos ou conhecerem sua história, quem dirá, então, de Teoria Literária. Da literatura brasileira, lembravam alguns autores mais destacados, tendo, talvez, memorizado alguns poemas de Gonçalves Dias, declamados em comemorações cívicas, ou lido as obras mais populares, de um José de Alencar, talvez... E a culpa, certamente, não era deles.

Teriam, ali, naqueles quatro anos, a oportunidade de contato com um montante de matérias muito acima do que poderiam absorver, sem tempo para leituras e sem acesso à maioria das obras, distantes do seu alcance, indisponíveis nas eventuais bibliotecas locais.

Para o curso de Letras, exigia-se, também, a opção por uma Língua Estrangeira Moderna, que poderia ser Inglês ou Francês, esta cada vez menos presente no currículo escolar. De uma delas, seriam nomeados futuros professores, ao menos autorizados a lecioná-la. Contudo, 90% conheciam um mínimo de vocábulos do idioma de Victor Hugo, e 95% pouco ou nada conheciam de inglês. Até porque viviam isolados, não lhes fazia falta, nem despertava interesse, a não ser em um ou outro dos colegas de olho em eventual vaga nas atividades portuárias. Ainda por cima, havia aulas do, digamos, obsoleto Latim no currículo. Os eventuais católicos já nem mais em suas missas dominicais ouviam a incompreensível língua eclesiástica, uma vez que o próprio culto a havia abolido, como consequência do Concílio Vaticano II, poucos anos antes.

Com base nesse quadro desolador, o leitor pode imaginar as agruras de nossos professores e, às vezes, as atitudes questionáveis deles. A professora Otília Arns, doutora e professora emérita, atuando na UFPR e na PUC-PR, lecionava ali uma noite da semana. Era merecidamente reconhecida como sumidade em Língua Inglesa, capacitada para as cátedras da própria Inglaterra ou dos Estados Unidos. De alguma forma, notara-me — provavelmente pela leitura de um pequeno texto em inglês, ao sondar o nível dos alunos nas primeiras semanas de aulas. Chamou-me à parte, após a aula, buscando saber mais de mim.

— Você não me parece ser daqui, da região, seria de Santa Catarina?

— Não, professora. Sou do Rio Grande do Sul, no interior, uma pequena cidade...

— Ah, então eu estava certa.

Resumi-lhe brevemente minha história e granjeei sua simpatia e tolerância para os eventuais atrasos do *ferryboat*. Soube, depois, que tinha padres em sua família, bem como procedia de família humilde do interior de Santa Catarina. Talvez daí se tenha originado certa simpatia recíproca.

— Rapaz, eu entendo o quanto é difícil, pode crer.

Em tom maternal, recomendou-me:

— Procure não perder as aulas, mas, se tiver problemas para vir, comunique-me. Não desanime jamais... Mas foi uma pena não ter continuado na Federal, em Curitiba...

De fato, às vezes ocorria de nos atrasarmos ou até não podermos ir às aulas... Mesmo ela, contudo, devia moderar seus impulsos e suas expectativas, limitando-se ao básico, caso contrário a debandada de estudantes seria inevitável... Sentia em seus olhos, muitas vezes, a frustração profunda, que se transformava em pena e tolerância.

Já a jovem mestra de Latim ostentava uma postura arrogante de vestal romana, solteira, soberana e intocável. Era uma bela mulher, porém, além de insegura, parecia-me não apreciar muito alunos do sexo masculino, não perdendo oportunidade para humilhá-los e impor-se. Nos meus limitados conhecimentos de psicologia, via, ali, um caso a ser estudado.

Presa aos remanescentes padrões clássicos de ensino, perdia-se em detalhar regras que os estudantes jamais assimilavam. Solicitava-nos a leitura de pequenos excertos na língua de Cícero, após termos repetido alguns fragmentos por ela lidos com, segundo ela, a pronúncia correta, crente, por certo, de que ninguém ali conhecesse o *beabá* do que ensinava.

Saturado de aulas diárias dessa língua por sete anos, mais centenas de traduções e versões, sentia-me retornando à pré-adolescência em minha cronologia pessoal, garoto recém-chegado ao seminário, ridiculamente fingindo obedecer aos seus ditames e evitando denunciar-me.

Pobres colegas que nunca haviam estudado tal língua balbuciavam ao soletrar sílabas, quais psitacídeos. Após isso, punha-nos a executar a leitura individual, em voz alta, de pequenos excertos, corrigindo exasperadamente a pronúncia.

Certa ocasião, chegando minha vez, li com naturalidade, até por conhecer o texto de "velhos carnavais", corretamente, mas com discrição. Concluída a estrofe, os colegas brindaram-me com uma enxurrada de palmas.

Com dezoito anos, imaturo, esperei um possível elogio, até um simpático sorriso da mestra, todavia recebi dela uma admoestação por, segundo ela, querer humilhar os colegas... Percebi, então, que já tomara informações a meu respeito.

Os colegas, por já me conhecerem bem, não entenderam assim, até porque era pródigo em ajudá-los quando a mim recorriam.

Passei, então, a exercitar uma vingança pessoal: fingi-me de enamorado por ela. Mirava-a fundo nos olhos e ela ruborizava e desconcertava-se. Eu sorria. Os olhos da *amada* faiscavam de ódio... Mais esperta, sua assistente, uma senhora, professora de ensino médio, moradora em Paranaguá, com ar maternal, preferiu chamar-me à parte e dispensar-me da frequência às aulas e apenas realizar as provas.

Sorridente, aproximou-se de mim no corredor:

— Soube que você estudou para ser padre, não foi?

— Sim...

— E não quis seguir adiante?

— É uma missão espinhosa, como dizem: "Muitos são os chamados, mas poucos, os escolhidos...". Era o que ouvira sempre. Assim, tornei-me um dos *excluídos*...

— Sábias palavras, mas pode fazer muito também como um bom cristão. Olha, eu sei das dificuldades que vocês enfrentam para aqui virem, por isso, se não quiser frequentar minhas aulas, eu o dispenso. Você já estudou muito além do que veremos aqui. Faça apenas as provas, porque são obrigatórias. As presenças eu lhe garanto...

— Fico-lhe muito agradecido. Só faltarei quando, realmente, não puder vir...

No final daquele ano, apesar de haver sido aprovado por média em Latim, recebi, surpreso, a notícia de que ficara para segunda época. Busquei na secretaria a explicação:

— O senhor excedeu em duas faltas o limite tolerado. Só se a professora abonar...

Procurei a todo-poderosa mestra da capital, que só me atendeu porque a cerquei no corredor, evitando que fugisse. Faltou-me apenas agarrá-la pela cintura. Lia em seu semblante uma alegria maligna a tripudiar de mim. Por sorte, a professora Otília Arns, sua tutora e parceira de viagens, surgiu naquele momento e, tendo captado o teor da conversa, aproximou-se. Percebendo minha revolta, interpelou-me e eu expliquei-lhe, então, o que sucedera. Saiu em minha defesa:

— O que é isso, Fulana? Esse moço sabe mais Latim do que a turma toda junta! Acho que até mais do que nós duas juntas... Você sabe quem ele é ou foi?

— Sei, professora! Mas foi por falta. Ele ultrapassou o limite máximo tolerado...

— Mas e você sabe de onde ele vem?

— De Guaratuba, eu sei... dizem...

— Mas, então? Pode imaginar o que é isso? E ainda depende de carona de colegas, que às vezes não vêm... e daquele *ferry* problemático.

Frustrada em seus planos, a adorável solteirona capitulou, roxa de raiva, contudo...

Já a professora de Literatura Portuguesa era uma figura, digamos, *imperial*... Possivelmente o sangue lusitano corria-lhe nas veias, já no cérebro. Sentava-se atrás da escrivaninha, em uma postura de pseudoprincesa austríaca decadente, com a cabeleira armada de laquê, espalhava alguns livros simetricamente sobre a escrivaninha, com o explícito intuito de impressionar a classe, e ditava, a partir de um surrado caderno, o "ponto", que meus colegas copiavam desesperadamente, buscando não perder uma palavra sequer. Irritava-se profundamente quando solicitada a repetir algo. Reproduzia o que velhos compêndios continham: biografia, características e obras, de Luís Vaz de Camões a Eça de Queiroz. Nenhum comentário. A lousa nua... nenhum dado sequer... explanação alguma! Encerrado o *ditado* do dia, entretinha-se a conversar com suas preferidas, possivelmente filhas de amigas locais, enquanto recolhia os inúteis compêndios e punha em uma bolsa.

Os colegas, ao verem-me ocupado com outras atividades durante suas aulas, questionavam por que eu nada anotava. Explicava-lhes, então, que já havia lido todas as obras produzidas por autores portugueses até o Modernismo, além de havê-los estudado a fundo no ensino médio e para o vestibular...

— Nossa, mas então você não fazia nada?

— Nisso talvez tenha sido privilegiado. Líamos, em média, um livro por semana, especialmente esses clássicos...

— Em que planeta foi isso?

— No seminário, quase outro planeta, de fato!

Nas provas dessa mestra, contudo, não me saía tão bem quanto alguns dos colegas, pois não repetia as palavras textuais da *douta* senhora, e isso ela não suportava. Jamais se soube que tivesse reprovado alguém... Nunca, todavia, dirigiu-me a palavra ou me fez alguma censura, dando-me nota suficiente para "passar por média", mas podendo — se, por alguma razão, quisesse — obrigar-me a uma "prova final". Mantinha, assim, a mão na corda da guilhotina. Provavelmente, porém, era-lhe mais conveniente respeitar o contendor.

Destacava-se um professor — "mestre", talvez — por seu comportamento nada ortodoxo, não, porém, pela boa qualidade das aulas. Dava a nítida impressão de dirigir-se a fantasmas dependurados no fundo da sala, jamais fixando o olhar nos alunos ali sentados. Cansado de discorrer sobre as diversas "teorias" literárias ou linguísticas, algumas inúteis, de colegas seus da capital, tendo já coberto de perdigotos os ocupantes das primeiras carteiras, dirigia-se à janela, reunia ruidosamente todo o catarro possível acumulado no fundo da garganta e despachava-o pela janela aberta em uma única cusparada. Voltava-se para a sala com um sorriso malévolo, como a jactar-se de seu "feito" diante de uma plateia estarrecida por tamanho desrespeito e falta de educação.

E nós, seus alunos, a tudo assistíamos e tudo suportávamos. Estávamos no clímax da ditadura, e seus reflexos eram também visíveis nos desmandos dos "mestres" e no temor dos pupilos. Boa parte daqueles inesquecíveis mestres inclusive não nos devolviam as provas — *talvez* corrigidas — e atribuíam aos alunos as notas que bem entendessem. Reclamar sobre alguma avaliação poderia colocar em risco, além de um ano letivo, até futuros empregos. Estariam, possivelmente, liderando o processo de distribuição de aulas em futuras bancas e seria bom, no mínimo, não ter tido desavenças com eles. Poderíamos encontrá-los futuramente em direções ou chefias, aprovando ou reprovando nosso ingresso em escolas. Por isso, predominava a máxima popular: "O bom cabrito não berra...".

Inesquecível, também, foi o "grêmio estudantil". À primeira vista, sua aprovação pareceu uma abertura para maior liberdade, palavra que por tanto tempo soara pecaminosa. Eu nunca entendera por que os mais afoitos por disputar cargos nessas entidades representativas eram sempre os menos apegados ao estudo e à cultura. Elegiam-se à base de promessas de melhorias que jamais se concretizavam. Arrecadavam dinheiro com "carteirinhas" que poderiam, eventualmente, trazer algum benefício aos raros cinéfilos da cidade grande. Viviam reunidos em um espaço desperdiçado e por eles ocupado para sessões de descarrego com *baseados* e organizações de festinhas — possivelmente, bacanais, pagos por estudantes sérios... Eram contra tudo que limitasse sua influência no universo acadêmico e defensores radicais de *seus* direitos absolutos, especialmente de não prestar contas a ninguém de seus atos e do dinheiro recolhido.

Foi apenas no último ano que tive uma mestra digna de eternos reconhecimento e gratidão, a notável professora Futin Buffara. Moradora local, discreta e dedicada, ampliou-nos os horizontes. Profunda conhecedora das Literaturas de Língua Inglesa, lecionava com prazer e idealismo. Sabia que a mente e o conhecimento transcendem espaços físicos e que todo aluno, de qualquer disciplina ou local de origem, merece o melhor. Claro que isso também tem seu preço em um país como o nosso. Ensinava com a mente e o coração e cobrava o que cada um podia produzir. Nem todos, contudo, estavam preparados para uma verdadeira professora universitária. Idealista, incentivava a leitura e o estudo, sem constranger os menos aptos ou até desinteressados, compreensiva com as limitações culturais de seu passado.

Houve também um destacado professor, de sobrenome Larsen. Militar sério e ponderado, surgiu para ser o responsável pela disciplina de Prática de Ensino de Inglês. Ao descobrirmos que era militar e professor na capital, um certo receio — comum em relação aos militares — tomou conta dos alunos. Imaginava-se um indivíduo boçal e, possivelmente, ignorante. Provou-se, contudo, competente e conhecedor de metodologias diversas de ensino de línguas estrangeiras em destaque à época. Não imaginara, contudo — segundo suas próprias palavras — tamanho desconhecimento da língua de Shakespeare por parte daqueles que iriam, potencialmente, ministrá-la após se formarem.

Malhou em ferro frio e, na última semana de aulas, estando próxima à formatura, lançou uma catadupa de água gelada sobre a classe:

— Senhores, confesso que nunca me vi numa situação como esta...

O olhar firme percorria as carteiras, fixando-se praticamente em cada aluno. O silêncio era absoluto. Continuou, solene:

— Fui convidado a ministrar-lhes aulas sobre métodos e recursos para o ensino de Língua Inglesa, o que pressupunha, é claro, que esse idioma os senhores e senhoras conhecessem... Jamais imaginei, porém, que o seu domínio dele fosse tão fraco, ou até nulo... com raras exceções... Acompanhei-os por um semestre e posso afirmar com convicção absoluta que apenas dois dos 28 aqui presentes, ou matriculados, poderiam receber o meu aval para serem, a partir da formatura, nomeados capazes de ensinar a disciplina de Inglês...

Podia-se ouvir a respiração da plateia, contida até em absorver o pesado ar do ambiente...

— Pergunto-lhes: "O que é que eu, responsável único pelo aval, faço?". Amanhã, ou depois, alguém perguntará: "Quem foi que autorizou essa pessoa a dar aulas de Inglês?". E lá estará meu nome como o responsável... Nada tenho contra vocês ou as circunstâncias que os trouxeram até aqui, contudo tenho a responsabilidade sobre o que ocorrerá daqui para a frente e serei apontado como tal...

Diante do silêncio profundo da plateia, continuou:

— Dói-me, dói-me profundamente. A questão é: devo reprová-los, mantê-los aqui por mais um semestre, um ano, para aprenderem o que não conseguiram em quatro? Além de impossível, seria injusto...

A sala toda permanecia muda e, agora, cabisbaixa. A sensação era de humilhação plena.

— Repito: dói-me muito e não desejo absolutamente que se sintam humilhados, por isso, tenho uma proposta a fazer-lhes. Quero que a avaliem com todo cuidado e responsabilidade. Insisto, porém, é SÉ-RI-O!

Destacou o adjetivo, frisando as sílabas enquanto buscava os olhos de cada aluno.

O olhar inquisidor perpassou toda a turma novamente. E continuou:

— Sejam os senhores e senhoras cristãos ou não, devem conhecer o ritual do juramento sobre a Bíblia. Vale para as relações sociais, assim como para os julgamentos mais severos do Poder Judiciário. Pois bem, decidi-me pelo seguinte: com exceção de Fulano e Ciclano, todos os outros estariam re-pro-va-dos em minha disciplina, o que implicaria refazê-la no próximo ano... Contudo, se ju-ra-rem sobre o livro sagrado que jamais assumirão aulas de Inglês numa escola pública, eu — contra minha vontade e com pesar — aprová-los-ei... Reforço: é sério; se não o fizerem, depois, será perjúrio... Quem não jurar aceitará a reprovação e deverá cursar essa disciplina no ano vindouro, mesmo que não seja comigo... Agora, afasto-me por cerca de quinze minutos e retorno para ouvir sua decisão.

Mal saiu, iniciou-se uma acalorada discussão. Uns julgaram absurda e descabida a proposta do mestre; outros aceitaram o ônus daquela aprovação. Pesou a opinião de uma colega mais velha:

— Gente, eu sei que muitos aqui jamais teriam coragem de ensinar Inglês. A gente ouviu isso o tempo todo durante o ano e até no curso. Fomos obrigados a escolher Inglês ou Francês, então não faz diferença. Além do mais, é livre: jura quem quer... E se vai cumprir depois, vai da consciência de cada um.

— Bom, eu nunca aprendi Inglês... Também aqui não me ensinaram... Eu vou mais é aceitar e seguir minha vida. Aliás, odeio essa língua... — afirmou um exaltado colega.

Mesmo pressionado, assistia a tudo sem envolver-me. De fato, deveria haver — sempre pensei — a opção de formação exclusiva para Língua Portuguesa, fato que somente viria a ocorrer anos depois. Instado a posicionar-me, expressei que achava justa e humana a sugestão do professor.

Ao retornar, com a discussão e o burburinho já amainados, o mestre retomou a liderança. Pôs uma volumosa Bíblia sobre a mesa e foi chamando um a um os alunos. Punham a mão e solenemente repetiam:

— Juro que jamais lecionarei inglês numa escola pública!

Terminada a sessão, despediu-se de todos, reforçando:
— Entendam que isso é sério. Adeus!

Vexados, porém, aos poucos demonstrando-se conformados e aliviados, todos foram tomando o rumo de suas casas. Quanto ao professor, soube que declinou das aulas na faculdade no ano seguinte. Já se todos os que se submeteram ao juramento realmente o cumpriram, só saberemos no Juízo Final, dizem...

Havíamos sido aprovados dois, apenas, pelo tal professor, todavia meu colega ficara para segunda época em alguma outra disciplina e não poderia, por isso, participar da cerimônia de formatura.

Numa atitude que julguei adequada no momento, comuniquei aos colegas que também não participaria da solenidade, em solidariedade a eles. Não aceitaram. Alegaram que eu os iria representar, em companhia dos colegas que haviam feito opção pelo Francês, com quem compartilhávamos diversas disciplinas.

E lá fui eu, sozinho, para o evento. Na plateia, apenas um amigo e colega, José Gobor, a compartilhar a festa, retribuindo-me a presença do ano anterior.

No coração, a frustração de haver trocado a UFPR pela decepcionante substituta, compensada apenas pela experiência maravilhosa do Ginásio Estadual 29 de Abril, onde iniciei minha carreira docente e vivi intensamente o "meu" filme de sucesso a cada dia durante os quatro anos concomitantes à graduação.

CAPÍTULO 6
Vida nova... velhos hábitos

Paralelamente à graduação, ia desenvolvendo minha atividade de professor.

Boa parte dos pupilos das então denominadas 3ª e 4ª séries ginasiais era apenas dois ou três anos mais jovens que eu, seu professor. O diretor alertara-me da necessidade de manter "pulso firme" e "dar-me o respeito".

Entendi que isso significava estabelecer um limite bem definido tanto com os garotos quanto com as garotas, principalmente. Rapazes mais velhos, muitas vezes, desafiavam-me com olhares e com atitudes quase hostis, provavelmente testando minha autoridade. As meninas, mesmo recatadas, dirigiam-me olhares insinuantes, algumas tentando perturbar-me no decurso das aulas... Ainda, era preciso concorrer com a imagem e a lembrança do professor de Inglês dos anos anteriores, de quem me falavam com rasgados elogios e, certamente, estabeleciam comparações. Estava difícil conquistá-los... Recordava-me, então, do filme *To sir with love* e articulava algumas estratégias.

Embora houvesse alunos oriundos de famílias evangélicas ou luteranas, predominava a tradicional religião católica. Cultivava-se, ainda, o hábito de iniciar-se a aula com uma oração; fazia parte do ritual e não havia contestação — ao menos ostensiva. Quem não recitava as bem conhecidas orações — Pai-Nosso e Ave-Maria — por professar outro credo, mantinha-se calado, respeitosamente. Eu o fizera a vida toda, desde o primário, e, por isso, considerava natural e, certamente, o ritual acabava gerando, no mínimo, um momento de concentração favorável ao início das atividades didáticas. Ajudava a *entrar no clima*, digamos.

Já nos primeiros dias, dirigi-me à secular igreja, marco histórico da cidade. Após rezar, permaneci a admirar a velha e primitiva arquitetura do século XVIII, singela e com traços quase medievais. Fui, então, surpreendido por um sacerdote idoso simpático, que se acercou de mim:

— Louvado seja Nosso Senhor Jesus Cristo! — disse-lhe, respeitosamente.

— Para sempre seja louvado! — respondeu-me. — Hummmm! Acho que é o novo professor de Inglês, certo?

— Sim... — e apresentei-me. — E o senhor é o padre...?

— Jerônimo... padre Jerônimo Murphy, o vigário daqui. Seja bem-vindo à nossa cidade!

— Muito obrigado. Ah, sou um ex-seminarista e gostaria muito de poder ajudar nas missas ou no que for possível... Pode contar comigo, se precisar...

— Poxa, que bom! Precisamos de "sangue novo"...

Relatei-lhe, então, minhas experiências recentes e pedi-lhe permissão para atuar com os cânticos e outras sugestões para atrair os jovens. Mostrou-se receptivo e feliz. Imaginei que isso poderia ser uma ótima estratégia para atrair meus alunos à igreja, bem como desenvolver com eles uma sadia cumplicidade. Pela minha formação, cria sinceramente nos valores cristãos e estava plenamente convencido dos benefícios de alguma vivência religiosa individual.

Os amantes da música logo se associaram a mim e, gradualmente, a igreja via crescer o número de rapazes e moças aos domingos. Passei, daí, a ensaiar um pequeno grupo, e o poder da música e de canções mais modernas, inspiradas no "Movimento Mariapolita", começava a surtir efeito. O culto dominical passou, então, da classificação de "chato" para "legal" no conceito dos jovens alunos. E o professor tornou-se mais simpático aos jovens pupilos e à comunidade.

A cada domingo, o templo ficava mais lotado e a cerimônia tornava-se um espetáculo prazeroso e concorrido.

Seguindo o "ecumenismo" pregado pela nova igreja, participei até de cultos de religiões diferentes, atendendo a pedidos de alguns alunos e seus pais.

Na sala de aula, minha pouca idade e a praticamente nula convivência com garotas durante a adolescência acabavam por me colocar, às vezes, em situações desconfortáveis. Tinha — ainda — uma namorada distante, porém a primeira, única e bastante madura, com quem convivera pouquíssimo. Ela era o meu "parâmetro" de mulher, fora das irmãs e das primas. Agora, estava diante de um grupo expressivo de mocinhas, variado em idade e posição social, além de muito bonitas e desenvoltas.

Não havia na cidade, à época, "ginásio" particular — geralmente frequentado por quem tivesse mais posses; assim, pobres ou ricas tinham somente aquela instituição oficial como opção para avançar em seus estudos. Ali estudavam tanto garotas das famílias mais abastadas quanto as filhas de suas serviçais ou de pescadores. Seria uma espécie de *democracia forçada*... Jamais poderia afirmar ter visto qualquer forma de discriminação explícita, porém era até natural que algumas se destacassem pelas experiências pessoais privilegiadas, ou pela educação recebida nos lares, como maior valorização da educação formal, acesso a livros ou reforço escolar, além do contato com outras cidades. Basicamente, a proximidade ou a distância física da escola servia até como parâmetro de *status*...

Morando cerca de uns 800 metros da escola, pelo caminho ia encontrando meus alunos e com eles conversando; assim estreitava os laços de uma sadia amizade. Estranhavam o fato de eu ir a pé e, mais tarde por eles confirmado, vestir numa semana uma calça de cor predominante cinza e com "boca estreita" e, na seguinte, outra de cor dominante bege e "boca-de-sino". Era esse meu "guarda-roupa". No ano anterior, vivendo ainda isolado no internato, bastava-nos estar vestidos e quanto mais discretamente, melhor. Lá, roupas bem talhadas ou de tecidos mais caros eram vistas como sinal de vaidade, sentimento bastante combatido. Nada sabia sobre moda, e as tais "bocas-de-sino" — símbolo de nossos ídolos musicais — já estavam fora de uso no *mundo exterior*, que eu, agora, habitava.

Havia, porém, abusado demais das economias da mãe para pedir-lhe roupas novas ou mais adequadas. Da minha parte, observava que algumas jovenzinhas muito bonitas também vinham com suas saias azul-marinho do uniforme quase transparentes pelo uso e lavagens constantes. Sentia-me, às vezes, até penalizado e respeitava-as, identificando-me com elas. Eram tempos diferentes; não havia abundância de tecidos nem de recursos.

Foi por causa dessa pobreza que vivi uma das manhãs mais constrangedoras da recém-iniciada carreira. Após terem sido distribuídas as aulas durante a primeira reunião de professores, o diretor chamou-me e disse-me:

— Bom, professor, seu colega anterior, além das aulas de Inglês, ministrava, também, uma aula semanal de "Técnicas Comerciais" para os alunos da 4ª série. Serão mais quatro ou cinco aulas mensais para *engordar* seu salário. Vão lhe fazer bem!

— Mas, professor — respondi-lhe —, não faço a mínima ideia do que isso seja!

— Não tem importância... os alunos também não. E você — tenho certeza! — vai dar conta disso. É parte do currículo deles. É a "disciplina Técnica" da 4ª série. Tenho aqui o livro e é só segui-lo.

— Mas eles têm também o livro?

— Não. Você lê, estuda, resume e passa pra eles. Dentro do possível, leia sobre o assunto, pense e comente. Se quiser, pode realizar atividades em grupo. Enfim, use a criatividade. Depois cobra numa prova... Pode ser através de um trabalho também... Estou certo de que saberá usar a imaginação...

Senti-me um tanto quanto inseguro, mas daria um jeito. A influência militar da tal *revolução* fazia-se sentir em nós também: "Ordem dada, ordem cumprida!". Apanhei o tal compêndio e comecei a estudá-lo. Organizei o primeiro *ponto*, resumi-o e apliquei os recursos de que dispúnhamos: quadro, giz e caderno. Às vezes, suscitava alguma discussão, propunha alguma questão para ser resolvida em grupos, predominando, porém, a cópia direta do quadro-negro e posterior cobrança do tipo:

— *Agora, tomem uma folha e respondam às perguntas que lhes vou passar...*

Nessas aulas, estando eu a maior parte do tempo de costas a escrever na lousa, os pupilos extravasavam sua adrenalina e divertiam-se com macaquices, enquanto copiavam a "matéria". Às vezes, perdiam-se e imploravam para que eu escrevesse mais devagar... Continha, então, seus ímpetos simiescos acelerando a escrita e apagando em seguida, obrigando-os a acompanhar-me, sem espaço para brincadeiras.

Certa manhã, já no início da aula, pareciam estar endemoniados! Ocorria uma verdadeira revolução às minhas costas e, por diversas vezes, já lhes chamara a atenção. De repente ouvi, sussurrada, a frase:

— Ei, olha o passarinho!

Estremeci. Ruborizei. Voltei-me lentamente e encarei-os. Todos os olhares baixaram e seguiu-se um silêncio sepulcral. Contudo, mal reassumi o papel de escriba, enchendo o quadro-negro com meu resumo, o tumulto reacendeu-se. Acelerei, então, a escrita, apagando logo em seguida o que havia escrito. A reclamação foi geral:

— Calma, professor!

— Assim não dá...

— Mais devagar, *teacher*! — implorou a garota que amava Inglês.

Ameacei-os e mandei que fossem mais rápidos, pois o *ponto* era longo...

Foi só afrouxar que o tumulto recomeçou.

Eu transpirava... Sentia o suor escorrer-me da nuca ao rego, literalmente. Disfarçadamente, baixava o olhar para a linha da cintura e nada via na região da braguilha, onde dormia o passarinho — ao menos aquele que eu imaginava ser o motivo da algazarra... O guarda-pó, mal-acabado e feito por uma costureira local, não permitia ver nem sequer os joelhos: era curto e armava-se na linha da cintura... Estremeci. "Estaria a braguilha da minha calça aberta e era isso a causa de toda aquela balbúrdia?"

Explico. Na década de 1960, o *reco* ou *zíper* não era tão comum quanto hoje. Nas braguilhas, usavam-se apenas botões. Eram mais baratos, mais práticos, seguros... afirmavam. E zíperes eram *coisa de mulher*, destinados a saias, blusas e calças femininas. Minha calça, ainda máscula, com "boca-de-sino", tinha botões e jamais me expusera a qualquer risco. Já a outra, mais moderna, viera "de fábrica" com um zíper, uma novidade... Ultimamente, esse me havia pregado umas peças, pois duas ou três vezes percebera-o aberto — arreganhado mesmo! — e expondo-me a vexame. E nessa fatídica manhã era essa a calça que eu vestia!

Como disse, quase infartei. Arqueava disfarçadamente o tronco e, literalmente, esticava os olhos para confirmar o fato, sem sucesso, porém. O maldito guarda-pó, curto e desengonçado, cobria o baixo-ventre, não me permitindo ver além do umbigo. E por trás de mim, em diferentes vozes, o mesmo brado aterrador:

— *Olha o passarinho!*

Estava convencido de que se referiam ao meu, que podia estar com a porta da gaiola aberta, porém cada vez mais encolhido e escondido lá no fundo...

Desesperado, acelerava a escrita e, em seguida, apagava a lousa, na esperança de que, hiperocupados, desistissem de controlar o *meu* passarinho... De nada adiantou, contudo, a estratégia, pois aumentaram também eles o ritmo e a algazarra continuou...

Enfim a *sineta* libertadora soou, determinando o fim da aula e da minha sessão de tortura. Com o poderoso livro que me transformava em professor à guisa de escudo protetor sobre a barriga e adjacências, retirei-me da sala e azulei para o banheiro. Conferi o zíper, que estava tão ou mais fechado que o meu *fiofó*...

Mas então que diabos teria ocorrido? Um mistério a ser desvendado.

Havia um intervalo de 5 minutos entre as aulas. Retornei, então, até a porta da sala e, lá dentro, os alunos deliravam agora, arremessando, de um canto a outro da sala, um pardal morto que, provavelmente, havia ficado preso ali à noite e morrera debatendo-se. A cada vez que o faziam, alertavam, para que alguém o apanhasse:

— Olha o passarinho!

Voltei para a sala dos professores e tomei um cafezinho para recompor-me...

Em algumas ocasiões, minha pouca idade e fisionomia de pré-adolescente punha-me, também, em situações conflituosas com alguns alunos fisicamente mais avantajados, avessos ao estudo, repetentes e totalmente desmotivados. Recordava a leitura da biografia de São João Bosco e sua paciência com esse tipo de rapazes. Buscava, então, todas as alternativas possíveis para incentivá-los, contudo resistiam e tentavam até desafiar-me, confundindo tolerância com fraqueza. Esgotados os recursos pedagógicos, impunha meu poder de mestre, sem, contudo, ultrapassar os limites do respeito pessoal. Sabia por experiência própria, no seminário, o quanto era marcante e revoltante ser agredido por um professor e jurara jamais fazê-lo. Mas naquela manhã foi inevitável.

O garoto, atarracado, forte como um tourinho zebu, parecia ter amanhecido disposto a perturbar o mundo ao seu redor, especialmente seu jovem professor. Primeiro, sorri-lhe, condescendente. Talvez me tivesse interpretado mal, que achara graça ou fosse um *banana*... Persistiu. Bastava eu distrair-me, que ele cutucava o colega mais próximo. Seguro de sua compleição física, perturbava as garotas a sua volta, derrubando-lhes o material escolar ao chão. Todos os olhares concentravam-se em mim, aguardando uma intervenção.

— Fulano, pare de perturbar seus colegas! — disse-lhe com firmeza.

De início, fazia *cara de paisagem*, e a paz voltava a reinar, porém somente por alguns minutos. Agora, era aquela garotinha delicada, de voz melíflua:

— Professor, *teacher*... dá um jeito no Fulano! Assim não dá, se ele continuar, vou falar com a diretora...

Sua influência sobre os demais era incontestável e, além do mais, pai e mãe eram useiros e vezeiros em ir até a escola tomar satisfações em defesa de sua *dolly*... Esgotados os recursos da persuasão civilizada, vali-me da ameaça que minha posição, na época, permitia:

— Fulano, se não se comportar, vou te pôr pra fora da sala...

O retorno veio em alto e bom som:

— Daqui não saio e daqui ninguém me tira!

Senti, naquele momento, a força de 34 pares de pupilas dilatadas concentradas em mim... Eu estava encurralado e toda a sala aguardando minha reação. O sangue ferveu-me nas veias e os olhos turvaram-se. Enfurecido, avancei como um torpedo, bati a virilha na primeira carteira, cheguei até ele, agarrei-o pelo colarinho e arremeti-o porta afora. Nem no degrau tocou, rolando pelo corredor... De brinde, arremessei-lhe a bolsa com o material...

— Suma daqui, seu bosta!

A classe, com olhos esbugalhados, não emitiu um pio sequer. O mocinho desapareceu naquele dia, porém retornou na manhã seguinte, dócil e cabisbaixo. Fiz de conta que nada acontecera.

Relatei, então, o episódio ao diretor. Ouviu-me. Pediu-me para ser mais ponderado em minhas ações e, se possível, conversar com o menino. Segui seu conselho. Alcancei-o quando retornava a casa e tentei dialogar. Apenas me olhava e baixava os olhos. Nunca mais me dirigiu a palavra. Mantinha-se, contudo, comportado em sala. Eu ganhara uma batalha, porém perdera a guerra.

Foram todas inúteis minhas tentativas de reaproximação.

Por alguma razão, naquela noite, insone, de costas, olhando o teto do quarto, lembrei-me de um dos muitos cães da infância. Era uma cadelinha malhada de branco, amarelo e preto. Bota bichinho bonito! Devia ter herdado as cores — no meu limitado conhecimento infantil — da soma dos diferentes pais que *cruzavam* com a promíscua Violeta quando entrava no cio... Não crescera muito, ficando de porte médio. Dócil, mal me via, acorria, aguardando carícias. Mamãe privilegiava-a com alguma porção extra de restos de comida, talvez por consideração à nossa amizade. Uma das irmãs observava:

— Não sei que grude é esse que ele tem com essa cadela!

— Vai à merda! — era a minha mais gentil resposta.

Certa manhã, houve um alvoroço em casa. O pai relatara, na hora do café, que um belo leitão de raça estava entre a vida e a morte, com as costelas à mostra, descarnadas por algum bicho à noite...

— Pra mim, isso foi bicho do mato — algum graxaim — ou algum cachorro faminto das vizinhanças... Essa não escapa... Só pra sabão!

Fez campana e constatou que eram alguns cães da vizinhança, mas com a matilha estava também a tal cadelinha nossa... Incrédulo, perguntei-lhe:

— Mas o senhor viu ela comendo o porco, pai?

— Não vi... mas *tava* lá junto. Acho que vou ter que matar ela...

Desesperado, intercedi pela bichinha:

— Mas, pai, talvez ela só estava por lá... acompanhando a *guapecada*... Eu olhei bem na boca e nos pelos... Não tinha sangue nela...

Não me disse que sim, nem que não... Saí em busca da suspeita. Encontrei-a no corredor do chiqueirão, um lugar naturalmente suspeito. Mesmo encurralada, poderia ter fugido, mas não o fez. Encolheu-se, aparentando culpa — mas que poderia ser resultado de haver sido admoestada ou, mesmo, por já haver apanhado...

Com medo de perdê-la para um tiro certeiro e fatal, tomei de uma cana que ali estava e passei a bater nela com vontade, entre lágrimas, enquanto lhe dizia:

— Nunca mais, mas nunca mais faça isso! O pai pode te matar...

Cria que a estava educando e a livrava de um mal maior, mesmo que, naquela hora, não entendesse a minha atitude. Reproduzia o que me haviam ensinado...

O pobre animal encolhia-se, aceitava as pancadas, olhando-me triste, enquanto lágrimas abundantes me embaçavam os olhos. Talvez porque doesse mais em mim do que nela... Sabia que fome não era, pois a mãe tratava muito bem os cães. Devia ser algum desvio de comportamento, causado pelas más companhias...

Quando cansei, fui-me dali, não sem uma última recomendação:

— Nunca mais faça isso! — disse-lhe com o dedo em riste.

Gravei seu olhar triste. Cães sabem expressar sentimentos no olhar. Acuada e indefesa, não me pareceu haver entendido por que apanhara... O fato é que nunca mais permitiu aproximar-me dela ou olhou-me nos olhos, por mais que tentasse reatar nossa relação. Até que um dia sumiu...

— Decerto morreu picada por alguma jararaca. — sentenciou o pai.

Eu devia, então, ter aprendido que o castigo marca para sempre, e, na dúvida, tolerância e misericórdia são mais recomendáveis... À época, não havia lido ainda a obra do notável Guimarães Rosa, e não conhecia a frase antológica de Riobaldo, casualmente transformado em professor: "*Mestre não é quem sempre ensina, mas quem, de repente, aprende*"... Jurei, então, reavaliar minhas atitudes.

Exceto por alguns pequenos incidentes, a escola parecia um verdadeiro *oásis* de paz. Os olhares dos alunos ao aproximarem-se do pátio e cumprimentarem seus mestres não deixava dúvidas sobre o quanto lhes era prazeroso ali estar.

Pode-se afirmar que 90% dos adolescentes da cidade de Guaratuba frequentavam o Ginásio 29 de Abril. Tinham, em sua maioria, entre onze e quinze anos. O mundo fervilhava em seu interior pelas forças da natureza; e no exterior também, em razão da repressão imposta à liberdade. O golpe militar de 1964 controlava a política e suas manifestações externas, tolhia certas liberdades individuais; estimulava, talvez por isso, uma rebeldia individual represada e gerava reações divergentes por parte dos religiosos, principalmente os católicos. A maioria conformava-se e aceitava o regime; alguns, porém, rebelavam-se diante dos excessos dos militares.

Jovens passavam horas em grupos, curtindo os mitos da Jovem Guarda, mentores que atraíam cada vez maior número de fãs. As letras e as melodias já não eram as mesmas daquelas de seus pais: líricas, românticas, saudosistas, exaltando um modo de vida que desaparecia... Um novo cotidiano era retratado: de amores casuais, de sonhos, de contestação... A televisão cada vez mais ocupava lugar de destaque nos lares e divulgava costumes mais liberais. As telenovelas — com a supremacia absoluta da Rede Globo — prendia as famílias mais abastadas em casa à noite, substituindo os tradicionais e monótonos terços em família por emoções mais fortes. Os felizes proprietários de uma custosa televisão demonstravam a complacência dos nobres de antanho ao repartir o espaço de lazer com os vizinhos menos afortunados. Assim, as visitas noturnas acomodavam-se até nas calçadas para assistir a um capítulo da telenovela.

Aguardava-se com ansiedade o lançamento de discos de vinil e, juntos, curtiam-se intensamente as novas canções, que ficavam por semanas ou meses disputando a preferência dos ouvintes. Festivais de música transformavam-se em eventos nacionais, expressando anseios de liberdade e contestação. Era comum ver grupos de jovens reunidos nos portões das casas, na areia da praia, em parques, sob o olhar desconfiado e intimidador das autoridades...

Porém o mundo ainda não era esta aldeia global. Pouco se sabia do que ocorria além dos limites urbanos em que se residia, o que despertava imensa curiosidade sobre o que se passava no exterior. Alguns ousados ou insatisfeitos — predominantemente os jovens — de tudo faziam para partir em busca do desconhecido. Por causa de sua gigantesca produção cinematográfica e a divulgação dos Estados Unidos da América — visto como um verdadeiro *Shangri-Lá* — eram muitos os rapazes que se aventuravam para conhecer a pátria das liberdades e do sucesso financeiro. Eram raras, todavia, as moças a aventurarem-se, pois ainda pesava sobre elas a *condição feminina*, em um país fortemente patriarcal, sendo-lhes vetada qualquer possibilidade de afastarem-se da sombra dos pais, acalentando, assim, o projeto de um "bom casamento". Rapazes, contudo, sonhavam ardentemente com a possibilidade de partir para a terra do *Tio Sam*.

Uma maneira de as jovens também demonstrarem sua insatisfação e postura contestadora estava nas saias dos uniformes. Blusas brancas e saias azul-marinho plissadas, meias brancas e sapatos pretos compunham seu vestuário e remontavam ao tempo das mães ou das avós. Dona Maria — a diretora — com olhar atento, observava a relação barra/joelho, que permitia até dois centímetros... Ao ultrapassarem a *barreira*, porém, algumas, no banheiro, enrolavam a cintura, deixando alguns centímetros a mais de coxas à mostra, para delírio dos rapazes e desespero de alguns professores jovens, pelo menos... Para mim, não estava fácil manter a fidelidade aos apelos religiosos da castidade e a um compromisso cada vez mais distante com a namorada...

Esse *sonho americano* mitificado dava-me certa vantagem na condição de professor de Inglês. Muitos ali tinham um irmão, um primo, um amigo, um conhecido vivendo nos EUA. Por meio de cartas e fotografias, sabiam do seu sucesso, dos lugares maravilhosos que conheciam, dos festivais de *rock'n roll*, das bandas em destaque e, por vezes, pareciam viver como alienados em pequenas e grandes cidades brasileiras. Decidi, então, valer-me disso tudo para motivá-los a aprender minha matéria...

A simples presença do violão sobre a mesa já despertava interesse. Sabiam que viria alguma canção em inglês e momentos mais descontraídos. Iniciei com canções folclóricas simples e de fácil assimilação, aprendidas com meus mestres estrangeiros. Mesmo que não fosse o gênero favorito, animavam-se e até os mais resistentes participavam. Aos poucos, já formávamos um pequeno repertório, e a motivação era visível nos sorrisos a mim dirigidos em sala ou nas ruas.

CAPÍTULO 7
Como um pinto no lixo

Apesar de estar ocupado com o curso universitário e as aulas no ginásio, dispunha de muito tempo livre. A escola tinha apenas seis turmas, o que me dava um total de treze aulas semanais. Eram poucas as horas consumidas pelo trabalho e eu, ainda sem maiores compromissos financeiros nem perspectivas de qualquer outra atividade lucrativa, tentava desfrutar ao máximo do tempo livre, desde que não envolvesse gasto extra, pois vivia no limite...

Enquanto era ainda verão e começo de outono, passava a maior parte do tempo ocioso junto ao mar. Eram já poucos os turistas, que apenas chegavam em maior número nos finais de semana. O pequeno hotel de madeira, assobradado, onde ainda morava, recebia seus derradeiros hóspedes, geralmente em trânsito, que, então, aproveitavam a tranquilidade cada vez maior e os preços mais acessíveis.

Na cozinha, dona Nair, viúva e parente dos proprietários, suava em bicas, preparando os apetitosos pratos de frutos do mar, então abundantes e baratos, auxiliada por uma sobrinha e as filhas... Ansioso por conhecer melhor aquele universo, e loquaz com estranhos, sempre em busca de novos contatos, oferecia-me para servir as mesas e distribuir sorrisos enquanto furtava notícias do mundo além das montanhas.

Os donos jamais me cobravam ou solicitavam qualquer atividade, todavia sentia-me, às vezes, mal por não pagar em dia minha hospedagem. Havíamos feito um trato oral e ambas as partes estavam conscientes de que tudo seria resolvido com o primeiro salário. De qualquer maneira, via-me na obrigação de ajudá-los, esquecendo minha "posição" ou condição de professor, que respeitavam muito.

Sempre atento aos frequentadores, ouvia, às vezes, o som da língua inglesa, vindo de jovens próximos e quase da minha idade, na rua ou na água. Buscava qualquer pretexto para aproximar-me deles. Receosos de início, acediam ao meu assédio e eu podia realizar o sonho de conversar com falantes nativos. Meu aprendizado de línguas — Inglês, Alemão, Francês e Latim, além de rudimentos de Grego Clássico — tinha sido totalmente "escolástico", através de estruturas fixas, escritas, de nível literário. Meu primeiro professor de Inglês aprendera o que sabia na Irlanda, embora fosse alemão de origem; o segundo, alemão também, jamais convivera com falantes nativos e só privilegiava a leitura, com a pronúncia que julgava ser correta; o terceiro sempre vivera no Brasil e mal sabia para si... Apenas o último, um leigo, além de fluente, realmente dominava a oralidade do idioma. E eu, sem saber a razão, amava essa língua. Lia tudo o que podia, ouvia canções, traduzia e sonhava em um dia poder ir até os Estados Unidos da América e falar fluentemente o idioma... Em meus sonhos, até na Lua já estivera, como astronauta, e comunicava-me com os parceiros na língua de Shakespeare ou do *Tio Sam*...

Diante do *meu* inglês, os estrangeiros olhavam-se estranhamente às vezes e podia perceber que a comunicação não se fizera de forma adequada. Pacientemente, explicava-lhes, valendo-me da linguagem universal dos sinais — a mímica — e acabava aprendendo a verdadeira pronúncia. Pagava-lhes com as versões da nossa língua e muita simpatia. Não era raro, também, sentir-me observado por pessoas mais velhas, homens com seus quarenta anos, mais ou menos. Então, um certo temor ou cuidado disparava o alarme. Fora alertado por professores e colegas antigos de que não era aconselhável despertar a atenção ou a curiosidade de estranhos; os agentes do governo militar estavam sempre atentos, disfarçados e em todas as partes...

No trabalho, visando a gerar maior interesse pelo inglês, apelava para uma estratégia que poderia ser vista como desonesta: gravava diálogos, em diferentes vozes — como se fosse um dublador — em um gravador de fitas cassete, obtendo um alto nível de interesse, por ser uma novidade... Claro que os iludia e não revelava o segredo... Isso, claro, só foi possível depois de ter recebido o primeiro salário e investido uma soma considerável, à época, para adquirir o tal gravador...

Continuava indo para a escola a pé. Como o trajeto era curto, eu não estranhava; já os alunos, possivelmente, sim. Vinham de bem mais longe; alguns de mais de dois quilômetros, mas julgavam ser natural para eles. Já o professor — imaginavam — deveria ter algum tipo de condução, algum meio de transporte... Mal sabiam que esse seu professor não carregava mais do que centavos no bolso e não caminhava por ser adepto de atividades físicas... Com o tempo, contudo, tal fato contribuiu muito para estreitarmos relações de amizade... À saída da escola, alguns já me aguardavam e juntos seguíamos, gárrulos, pela Avenida 29 de Abril, agora já deserta, finda a temporada... Assim, conhecíamo-nos melhor e estendia relações de amizades até com os pais, o que me permitia conviver com suas famílias, sendo convidado para almoços dominicais ou festas familiares.

Descobri um local maravilhoso bem no coração da cidade que, então, quase se reduzia a uma vila. Embora com área já bastante loteada e com extensão relativamente grande, o burburinho concentrava-se nos arredores da igreja tricentenária. Ao final das tardes, a população residente e fixa quase que automaticamente se dirigia à praça central, onde tudo que houvesse ocorrido se tornava público. Até para os habitantes locais, a praia — Cristo, Central e Caieiras — era local para frequentar em finais de semana ou na temporada.

Mas onde a vida fervilhava mesmo era no mercado municipal. Ali, vendia-se de tudo, de alimentos a armarinhos. Junto a um atracadouro simples, acomodavam-se as embarcações oriundas das ilhas e do interior do município, abarrotadas de palmito *in natura*, farinha de mandioca, frutas locais e mantimentos. Pescadores artesanais chegavam arcados sob o peso de enormes peixes às costas, fatiavam-nos e vendiam as postas aos gritos. O movimento iniciava-se pela manhã bem cedo e só diminuía ao anoitecer.

Habituado a pescar peixes pequenos, em córregos e ribeirões, sentia-me atraído pelos imensos cardumes de sardinhas e, em questão de minutos, retornava para casa com uma pródiga porção de peixes frescos para saborear. Com liberdade na cozinha — até porque auxiliava no que precisassem — podia preparar minha colheita e saboreá-la...

Não tendo, ainda, sido picado pela "mosca do capitalismo", e até pela escassez de atividades remuneradas, passava manhãs inteiras no alto do Morro do Cristo lendo e apreciando a paisagem. Materializavam-se, diante dos meus ávidos olhos, paisagens que só conhecera descritas em livros. Pássaros como gaivotas e albatrozes — então abundantes — vadiavam pelos ares como que a exibir-se para mim. Ao longe, na crista das ondas, golfinhos praticavam malabarismos. Admirava seu tamanho e invejava-lhes as notáveis habilidades de exímios nadadores. Imaginava o que estaria além daquela imensidão líquida: a África e os relatos de tantos missionários que conhecera; a Europa de que falavam os ancestrais e, mais recentemente, os padres professores; os Estados Unidos da América com tantas oportunidades de sucesso e uma vida tão glamorosa... Não seria o caso de ousar um pouco mais...?

Já havia saído de casa mesmo! Tinha rompido definitivamente o cordão umbilical. Papai havia sido claro ao dizer:

— Aqui tu tens tudo... Se fores embora, este é o último dinheiro que te dou...

Suas palavras ecoavam ainda, sombrias, em minha mente. Lembravam-me a *Parábola do filho pródigo*, que sempre me soara como uma ameaça...

Claro que, depois, pareceu orgulhoso de mim, já que tinha o tal ordenado prometido de três salários mínimos... Mas a droga era que já se haviam passado três meses e nem sombra de pagamento. Os credores já não eram mais tão cordiais quanto no início. A faculdade já me havia chamado para "conversar", pois a dívida de parcelas estava alta. O casal de colegas, proprietários da *vemaguete* que nos transportava, embora estivesse nas mesmas condições, deixava escapar a preocupação de como pagar o combustível, o *ferryboat*... Nada pediam ou cobravam, contudo eu me sentia constrangido por não poder contribuir.

Após a jornada da tarde, o derradeiro ingrediente que o estômago havia recebido antes subir para sala de aula, na faculdade, tinha sido o cafezinho ralo do recreio da tarde, quando tinha aula... No hotel, estaria garantido o PF, mas quando retornasse, por volta da meia-noite. Ali, no forninho do fogão a lenha, o alimento já frio era devorado pela fome de jovem, após praticamente doze horas de estômago vazio... Por tudo isso, batia, às vezes, uma passageira tristeza.

O que diria a mãe diante disso? Em casa, a mesa era sempre farta e variada... Nunca esvaziava completamente a lata das bolachas; dificilmente passaria um mês sem uma baciada de pés de moleque; todos os domingos, além da gostosa comida, havia sempre uma deliciosa sobremesa. No pomar, frutas diversas o ano todo. Era só estender a mão e apanhá-las. Até os cachorros e os gatos deviam comer mais e melhor que eu... Se ela soubesse, certamente uma lágrima — ou mais! — cairia de seus olhos. E o pai? Provavelmente balançaria os ombros e diria, mesmo que relutante:

— A escolha foi tua!

Mas não me arrependia. Mantinha-me esguio e não precisava comprar roupas novas, que, aliás, nem podia...

ainda. Algumas vezes, sentia-me um tanto constrangido por andar tão fora de moda e pobremente vestido, porém não deixava transparecer. Meu short de *banlon* colorido, fora de moda, após molhado, colava-se ao corpo e exigia reparos constantes, despertando olhares até penalizados. Mas era o único que tinha, além de uns velhos calções de brim feitos em casa e usados como cuecas... Deus me livre de vestir um daqueles! Seria motivo de chacota e humilhação...

Os sapatos eram, ainda, os mesmos do seminário. Engraxava-os semanalmente, mas com parcimônia, pois a graxa deveria durar até o pagamento do primeiro salário. Não sabia, contudo, que haveria um desfile no dia 29 de abril, aniversário da cidade e tendo o ginásio o papel de protagonista da festa. Professores deveriam liderar pelotões de alunos e, com eles, marchar vigorosamente. Imaginava meus pupilos e seus pais observando a sola já com um belo orifício, apontando com o dedo e rindo-se de mim. Fiz uma palmilha de papelão e tentava elevar o pé o mínimo possível, temeroso do vexame...

Após a marcha, um colega dirigiu-se a mim:

— Andou se machucando?

— Não, por quê?

— Parecia que você mancava durante a marcha...

— Nada... ou, melhor, pouca coisa... Pisei de mau jeito ao descer a escada ontem à noite...

— Ah, bom! Então não foi nada grave...

Economizava cada centavo, pois havia combinado com a namorada encontrar-me com ela em Curitiba na Páscoa. Haveria a festa de aniversário de uma sobrinha sua e aproveitaríamos para nos encontrar. Nosso contato havia sido apenas por meio de cartas. Relatávamos as atividades diárias, contudo eram cada vez menos frequentes e espontâneas as manifestações de afeto... O casal da Ilha dos Valadares, que de forma tão hospitaleira me abrigara, possivelmente aguardava uma visita minha, porém, não tinha condições de visitá-los. O trajeto era de casa para a faculdade e da faculdade para casa... Não tinha como pagar uma passagem extra para um passeio no final de semana...

Certa manhã, não tendo aulas, e com o sol já alto, decidi fazer uma corrida pela praia e, após, tomar um banho de mar, mesmo que a água já estivesse um pouco mais fria. Deparei-me, então, com o padre Jerônimo Murphy:

— Ué, o senhor por aqui? — perguntei.

— É, às vezes venho caminhar um pouco e pensar na vida...

Desde que o conhecera, simpatizara muito com ele. Parecia-me ponderado e bondoso. Ainda estava habituado a confessar-me e ele fora sempre tolerante com meus inocentes pecados, como os classificaria hoje. Com as leituras de *Michel Quoist* e canções mais modernas acompanhadas de violão, eu conseguira atrair mais jovens para as missas dominicais, e ele parecia contente com isso. Combinamos, então, algumas partidas de *frescobol* bem cedo ali na praia, e a amizade cresceu. Certo dia, manifestei-lhe meu desejo de ir para os EUA, ao menos para conhecer melhor sua terra e lá passar algum tempo... Apresentou-me um colega seu que, segundo ele, poderia *abrir-me as portas*... Esse, porém, foi tão formal e exigente, que me deixou arrasado... Vi ali uma arrogância que contrastava até com os princípios do cristianismo.

Vexado, posterguei então o projeto e voltei aos meus afazeres mais imediatos...

Algumas vezes, estando entretido com meus afazeres no hotel em pleno domingo à tarde, surgiam alunos — garotos e garotas — convidando-me para algum entretenimento. Eram comuns saraus em casa, com músicas na radiola, baciadas de pipoca, jogos de baralho, loto. Em poucas casas já havia televisores em preto e branco e uma luta constante dos proprietários para assistir a alguns programas que persistem até hoje... Minha presença despertava algum ciúme nos moços pela ascendência que tinha sobre as garotas de que estavam, às vezes, enamorados. Com as garotas, andava em uma saia justa, pois — embora não divulgasse — tinha uma namorada e, ao mesmo tempo, não queria envolver-me por causa de minha posição de professor, pois a diretora da escola havia sido clara:

— Olha, você é novinho, bonito e vai estar cheio de garotas querendo te namorar. Se for coisa séria, tudo bem... Mas se for para iludir as pobrezinhas e vierem pais e mães aqui reclamar, daí não vai dar... Portanto, cuidado!

Nesse ano, ela era, ainda, uma colega de faculdade, cursando o último ano do curso de Letras Francês, mas com o porte, a autoridade, a firmeza e o cargo de diretora...

Refreava meus instintos naturais de atração pelas mais belas, mas não deixava de me encantar, às vezes, traindo-me o olhar... Percebi que algumas dessas, mesmo passados muitos anos, não me perdoaram as escolhas... ou eventual rejeição.

Aos poucos, os amantes da música foram aproximando-se e começamos a ensaiar novas e velhas canções fora do ambiente escolar. Ainda bastante motivado pela formação religiosa do seminário e o apoio dos padres redentoristas, incrementamos e "atualizamos" os cânticos. Passávamos horas aos sábados à tarde treinando e, aos domingos, contávamos com um número cada vez maior de alunos, acompanhados dos pais, apinhando-se até nos corredores da igreja. A missa dominical passou a ser o acontecimento da semana.

Começamos, então, a treinar canções regionais populares, de cantores e grupos da época, o que nos inspirou a promover concursos de canções no conhecido "Clube dos 33" da cidade. Nessa época, pelas 9 horas da noite todos já estavam habitualmente recolhidos em suas casas e, com exceção de algum rádio ligado ou raros televisores sofrendo ataques para sintonizá-los, tudo era silêncio. Assim, esses eventos eram festejados, e o Ginásio Estadual de Guaratuba, ou 29 de Abril, cada vez mais amado pela comunidade local.

Chegou a Páscoa de 1970. Reuni, então, meus míseros trocados, selecionei as melhores roupas — limitadas às minhas duas calças e algumas camisas — e parti para o endereço dado por carta pela namorada, em Curitiba. Lá estariam parentes conhecidos e desconhecidos em clima de festa. A família de Paranaguá recebeu-me efusivamente, cobrando-me o fato de haver desaparecido. O bebê transformara-se em um belo garoto mulato, robusto, somando o que havia de melhor do pai negro e da mãe polaca. A casa, tomada por tantas pessoas e tamanha animação, quase não nos permitia momentos a sós. Estávamos bem, mas já parecíamos mais dois velhos e bons amigos e não empolgados namorados.

Em dado momento, finalmente conseguimos ficar a sós. Entre sobressaltos, trocamos algumas carícias e beijos, mas parecia-me que algo havia mudado entre nós. Foi ela quem tomou a iniciativa para um diálogo mais sério:

— E daí, como é que estão as coisas?

Fiz-lhe um breve relato das atividades, da vida cotidiana, mas fui interrompido:

— Bom, tudo isso eu sei pelas cartas. Eu gostaria de saber como é que fica a nossa situação...

Pressionado e indeciso, busquei evasivas:

— Bem, você sabe que não está fácil... Apesar das promessas de um salário razoável, ainda não recebi um centavo sequer e as despesas estão altas... Só consigo ir para as aulas porque vou pagar quando receber. Nem sua irmã pude visitar, mesmo estando ali, tão perto...

— Isso quer dizer, então, que casamento é um assunto fora de questão...

— Ao menos por enquanto...

— Olha, vou ser sincera: acho melhor a gente romper. Sem brigas, sem mágoas, mas cada um segue o seu caminho... Todo mundo lá de casa — inclusive esses que você conheceu agora — me questionam. Gostam muito de você, mas não dá para esperar mais...

De alguma forma, sua iniciativa deixou-me mais confortável. Queria-lhe bem, porém não conseguia imaginar-me casado, sem uma casa, com um emprego duvidoso, um curso superior por fazer... Além do mais, não estava seguro de uma decisão tão drástica. Era minha primeira namorada, pessoa ótima, porém tínhamos formação bastante diversa. Via-a como uma moça bonita, com muitas qualidades, contudo meu coração não batia descompassado em sua companhia...

— Eu sinto muito, mas entendo. Espero que você veja o meu lado também...

— Entendo, sim... Entendo também que, se não quer casar agora, é porque pode até gostar de mim — e eu não duvido disso —, mas não para casar, construir uma família comigo. E eu preciso organizar minha vida. Sou três anos mais velha que você... e não posso esperar muito...

Um leitor mais jovem poderia até não compreender esse tipo de diálogo ocorrido no início da década de 1970. Casamentos ocorriam das mais diversas maneiras. Podiam ser forçados por uma gravidez pré-nupcial; podiam ser resultado de uma paixão avassaladora e imaginada como eterna; podiam ser *arranjos* articulados pelas famílias; podiam ser por uma combinação de afinidades... De qualquer forma, seria uma *garantia* social e econômica ansiada pela mulher, principalmente. E minha namorada estava agindo racionalmente, além de haver sido honestíssima...

— Compreendo sua posição... Alguma mágoa?... — perguntei-lhe.

— Não, certa tristeza. — respondeu.

— Vamos comunicar às pessoas?

— Não, não vamos estragar esse clima de festa. Deixa comigo. Antes de partir, ou até depois, eu lhes conto.

Agimos com naturalidade. Muito provavelmente, ninguém notou nossa frieza, comportamento até louvável para eles, sem maiores expansões sentimentais, uma vez que não éramos, ainda, casados...

Na manhã seguinte, acompanhei-a até a estação rodoviária de Curitiba. Entramos na igreja existente ali em frente e rezamos. Por quê? Para quê? Não saberia dizer. O fato é que costumávamos pôr nossas ações nas mãos de Deus, em quem acreditávamos. Demo-nos um abraço demorado, porém já fraterno. Ocupou sua poltrona no ônibus, esboçou um sorriso triste e baixou o olhar. Voltei-lhe as costas e fui comprar minha passagem na Lapeana, retornando a Guaratuba...

CAPÍTULO 8

O fenômeno "temporada"

Devo confessar: ao optar pelo magistério, pesou muito o quesito férias. Não podia imaginar uma existência sem elas. Não me importaria atravessar noites em claro, semanas sem domingos, desde que duas vezes ao ano — as pequenas em julho, e as grandes em dezembro e janeiro e, às vezes, até em fevereiro — pudesse ter um tempo exclusivamente para mim. O que o pai fazia não era vida: matava-se de trabalhar e jamais descansava. É certo que a cada três anos, no inverno, ia para as *colônias velhas* visitar os parentes, seus e da mãe. Mas férias iam muito além disso. Invejava meus antigos professores, que enchiam a boca ao falar: *"Minhas férias"*... E passavam a relatar pequenas aventuras, incursões pelo país, contato com costumes exóticos e tal.

E as primeiras — como trabalhador — vieram. Seriam cerca de trinta dias de ócio e descanso. Só não foram muito animadoras, porque não vieram acompanhadas do prometido e tão aguardado salário. Correu o boato de que, talvez, o governo do estado, em um esforço sobre-humano do magnânimo governador, pagaria aos professores no final de junho. Afinal, segundo afirmavam seus representantes, ele prezava muito a educação e os mestres. Não foi, contudo, possível. Aos ânimos exaltados dos credores, seguiu-se uma enorme frustração. Afinal já eram quatro meses de carestia... A mim, além da vergonha crescente diante de olhares até acusadores, não tinha nem o suficiente para pagar uma passagem e ir até a casa dos pais, onde teria comida farta, gostosa e gratuita... Desgraça pouca é bobagem! O melhor seria não me iludir e aguardar até agosto — como no ano anterior, afirmavam.

Decidi, então, ocupar-me com alguma atividade por ali mesmo. Buscando aliviar meu peso diante dos meus provedores, que, além do hotel, tinham como fonte principal de renda um armazém, ofereci-me para ajudá-los. O movimento nas praias era reduzido em julho, mas sempre exigia — especialmente no final da tarde — alguém a mais para reforçar o atendimento no balcão. Os proprietários aceitaram prazerosamente minha oferta. Sentia-me melhor e tinha pequenas compensações. Se fizesse sol, desfrutava um pouco do mar, bastante procurado pelos nativos nessa época e, ao final do dia, estava a postos, animado pelo contato humano que ali fazia.

Recomeçaram as aulas e os alunos pareciam-nos mais animados que quando haviam partido para as férias. Para nós, professores, um acontecimento: o pagamento de cinco meses de salários atrasados — claro que sem correção nem desculpas de qualquer natureza. Parecia até que nos faziam um grande favor ao pagar o que nos era de direito... Nunca havia visto tanto dinheiro e, melhor, todo *meu*, obtido com *meu* trabalho. Nada a ver com aqueles *pingadinhos* do leite ou aquelas *quirerinhas* que sobravam de uma carga de telhas, depois de pagar os custos todos... Gostaria de observar a cara do pai ao ver aquela *pilha* de notas!

O gerente do Banco Bamerindus chamou-me para abrir uma conta. Tinha filhos em nossa escola, todavia jamais me dera a mínima atenção. Agora, era todo sorrisos, puxando uma cadeira para eu me sentar:

— Está confortável, professor? — perguntou-me, com uma gentileza ímpar. — Aceita um cafezinho?

Perturbado com tanta gentileza, aquiesci.

— Minha filha gosta muito do senhor...

— Ah, que bom! A gente faz o que pode...

Recomendou-me algumas aplicações e ofereceu-me vantagens especiais, caso precisasse de um empréstimo. Afirmou conhecer-me já da igreja e me parabenizou pelo trabalho com os jovens. Reforçou ser sua filha uma aluna aplicada e encantada com minhas aulas...

Meu ego quase não cabia mais nas calças, que, por sorte, eram largas e assim se mantinham graças ao regime forçado a que me submetia a escassez de recursos...

Os credores pareciam ter os olhos marejados quando me viam. À noite, elaborei uma lista meticulosa deles e organizei minha visita para o dia seguinte. Confrontamos os cálculos, perguntei se não havia, por acaso, esquecido algo e, estando plenamente satisfeitos, paguei-lhes até as frações decimais. Puseram-se todos à minha inteira disposição, pois tinham por mim admiração e apreço incomensuráveis... E eu que nem sabia disso!

Fiz por alto os cálculos das minhas mensalidades atrasadas com a Fundação Faculdade Estadual de Filosofia, Ciências e Letras de Paranaguá e carreguei — em cash — o montante comigo, com certa reserva para eventuais *extras*, porque — como os *brujos* — sempre surgem... Mal pus os pés lá dentro, dirigi-me à secretaria, ouvi a sentença e dei-lhes o total somado de parcelas, multas e afins.

— Tudo certo?...

— Tudo! Certíssimo... Sabíamos que o senhor viria acertar... Professor, não é?

Aproveitei a aula já perdida e rumei para a cantina. Meu Deus! Praticamente meio ano sem um lanche ao final da tarde... Empanturrei-me com dois pastéis e um guaraná! Meu estômago devia estar demasiado habituado ao pouco, tendo recusado um terceiro... Embebedado de tanta euforia, praticamente não aproveitei os profundos conhecimentos daquela noite...

Ainda animado, descia as escadas que levavam à rua, alegre, feliz e aliviado, em companhia dos colegas professores de Guaratuba, quando vislumbrei, vindo em minha direção, o meu futuro *ex-concunhado*. Surpreso e incrédulo, exclamei:

— Miro?

— Boa noite, seu Enio!

— Que *seu* Enio que nada, homem! O que faz perdido por aqui?

— Eu sabia que podia encontrar o senhor aqui... Eu ainda lembrava o caminho...

Era ele que me atravessava em uma canoa emprestada, à noite, lá da Ilha dos Valadares para prestar as provas de vestibular. Depois, às onze, saía de casa e refazia o trajeto para apanhar-me e acolher-me em sua humilde casa... Como esquecer?

— Homem do céu! Mas o que faz por aqui? — perguntei-lhe, preocupado.

— Uma desgraça, seu Enio... Meu filho, o menino que o senhor conheceu...

— O que é que aconteceu? Me conta...

— Tá internado na Santa Casa... Mas o pior já passou. Só que daí o doutor me passou uma lista enorme de remédios e eu não tenho mais dinheiro. Já gastei tudo o que tinha... Então lembrei que talvez o senhor pudesse me ajudar... Mas se não puder...

— Homem de Deus! Que bom que você veio *hoje*! Tivesse vindo ontem, eu ia ter de lhe dizer que não podia lhe ajudar. Mas hoje eu posso! E faço com a maior alegria... De quanto você precisa?

— Já vi lá na farmácia... Fica pra mais de 200 mil cruzeiros... Mas se não puder arrumar tudo...

— Posso, sim! Olha aqui... Cem, duzentos... seiscentos mil. Vou pegar 50 e o resto é seu! É pra voltar pra casa.

— Não, é muito... A metade tá bom.

— De jeito nenhum... Fica com isso... E eu ainda tô te devendo.

Abraçou-me, comovido.

— Miro, jamais vou me esquecer da ajuda que vocês me deram. Lembranças a todos. Agora tenho que ir. Cuida bem do piá! Logo que puder, vou fazer-lhes uma visita.

No retorno para casa, alegre, consciência leve, o clima no automóvel era de festa. Nem lembramos de rezar o costumeiro terço da ida e da volta. Conversávamos com a animação de magnatas...

— Tá feliz hoje, hein, *alemãozinho*?!

— E não era pra estar? Paguei todas as dívidas e ainda sobrou... Nunca vi tanto dinheiro na minha vida. Até o gerente lá do banco me chamou pelo nome...

Riram, condescendentes.

Na manhã seguinte, na hora do recreio, um colega aproximou-se:

— Será que a gente poderia conversar hoje na saída da escola?

— Claro que sim. Eu espero você...

Perguntava-me o que poderia querer e aguardei, ansioso. Demorou um pouco para aparecer. Os colegas *motorizados* partiram; os alunos dispersaram-se e, então, ele surgiu.

— Desculpe o atraso! Fui ao banheiro...

— Sem problemas. Não tenho aulas hoje à tarde...

— Olha, eu vou direto ao assunto: você sabe que eu tenho aquele comerciozinho... Não rende muito, mas sempre dá alguma coisa. Só que agora ando meio sem estoque e precisaria de um dinheiro pra reforçar. É coisa de uns dois, três meses e eu recupero tudo. Antes mesmo da temporada, eu lhe pago, com certeza, e ainda lhe ofereço um *jurinho*...

Era uma experiência nova essa de ter dinheiro. Primeiro fora o tratamento do gerente do banco, que nunca me oferecera atenção nem crédito; agora era o colega arrogante, que me oferecia juros... E eu nunca tivera no bolso mais que uns míseros cruzeiros... Não sabia absolutamente o que fazer com a sobra, depois de pagas as dívidas. Talvez comprar algumas roupas mais adequadas à moda? Mesmo assim, porém, sobraria um pouco.

— Mas precisa de muito? Queria ter ao menos uma reservazinha para alguma emergência...

— O que você puder me arrumar está bem... Pelo que comentou ontem, sobrou-lhe uma boa grana... Sozinho, sem filhos... diferente de mim.

— Sei lá! Mas pra mim, que não tinha nada, é bastante...

Emprestei-lhe, então, o equivalente a um mês de salário.

— Olha! Pode acreditar que está em boas mãos. Logo que puder, eu devolvo. É no *fio do bigode*... — notei, então, que não usava bigode...

Seis meses depois, pensando em comprar uma bicicleta para dirigir-me até a escola e circular pelas redondezas, procurei-o e perguntei-lhe:

— *Fulano*, será que não seria possível a gente acertar aquele dinheiro que lhe emprestei?

— Ué, você não sabe? Vendi aquele negociozinho... Só *tava* levando meu dinheiro... Mas fica sossegado: eu avisei o novo dono de que tinha essa pendência com você e ele prometeu acertar quando fosse possível...

Inocentemente procurei o novo proprietário:

— Ciclano, fulano lhe disse que tinha uma dívida comigo? Ele me falou que você ia acertar.

— Sei de nada não. Parece que falou qualquer coisa, mas isso é lá com ele. Meu negócio foi com ele, não com você. Vocês que se entendam!

Moço inexperiente, respeitador dos mais velhos, apenas insinuei algumas vezes o fato ao colega, tentando refrescar-lhe a memória, porém em vão... Fazia os tais *ouvidos de mercador*. Começava a entender a conhecida expressão...

Foi o primeiro de vários golpes — pequenos e grandes — que sofri de alguns colegas no decorrer da existência. Lidar com dinheiro não é fácil! Jurei a mim mesmo que não cairia novamente nesse golpe... Devia, como tantos, aprender a *chorar miséria*...

Talvez para compensar, alguns dias depois, vivi uma experiência excitante.

Meu sonho de consumo era comprar uma calça *Lee*. Havia a versão nacional — a *US Top* — mas não impactava tanto quanto a versão da tão sonhada grife norte-americana. O cara podia ser feio, espinhento, cabelo lambido e ralo, mas, se vestia uma *Lee*, virava um galã! Soube de um ex-colega de seminário, agora acadêmico de medicina, que se tornara especialista em contrabandeá-las. Tínhamos sido até bastante amigos, graças ao gosto comum pela música. Afirmavam que se sustentava com as idas e vindas a Foz do Iguaçu, onde morava a família e de onde voltava com as malas cheias das tais calças e vendia-as aos colegas. Mas já perdera o contato dele... Em lojas comuns, nem pensar em encontrá-las!

Na cantina da faculdade, fui acercando-me dos rapazes que as usavam. Em geral, uns *metidos*, esnobes. Não abriam o jogo e não queriam concorrência, mas eu tinha certeza de que eram contrabandeadas pelos marinheiros. Corriam boatos de que até haviam prendido alguns moços pelo simples fato de as estarem usando, pois contrabando era crime! E que melhor prova do que as estar vestindo?

Certo dia, um colega nativo de Paranaguá, a quem ajudara em um trabalho escolar e ainda preparara para a prova do dia, me falou:

— Escuta, você não quer comprar uma calça *Lee*?

— Nova ou usada?

— Nova. Tenho um conhecido que trabalha no porto e os marinheiros trazem. E nem custa tanto...

— Claro que quero! Você me traz?

— Não, cara! Não é simples assim... Você me diz seu número, ele pega, indica o lugar e a hora, ele vai lá, você leva o dinheiro, examina, veste e, se servir, paga...

— Mas tem que ser aqui por perto...

— Tá bem! Ali pra frente, uma quadra daqui, tem uma casa abandonada. (Ele morava nos arredores.) A gente combina e vai lá. Eu fico na esquina pra avisar se chegar alguém...

Deu tudo certo. No fundo do quintal abandonado, sob os últimos raios de um sol de primavera, protegido por uma frondosa árvore, provei a calça, avaliei costuras, acariciei o tecido, observei o caimento, tentando fazer-me de entendido, e fechei o negócio. Voltei abraçado à minha *Lee*, que, depois de ter a barra feita pelo alfaiate local, caiu-me perfeitamente e despertou olhares invejosos de rapazes e moças...

Definitivamente: *a primeira Lee nunca se esquece!* Principalmente quando se tem dezenove anos recém-feitos...

O segundo semestre escolar voou célere. Se, quando criança, eu percebia a estação das flores pelo cantar dos pássaros e sua azáfama em preparar os ninhos, ali, na praia, ela manifestava-se no ar. Os moradores pareciam mais felizes, cumprimentando-se efusivamente. Nos finais de semana aumentava o fluxo de automóveis oriundos da capital e cidades próximas. Casas fechadas por meses abriam-se, e os proprietários dedicavam-se a limpá-las para desfrutarem o verão. Com a libido estimulada pela estação do amor, brincadeiras envolvendo contatos físicos eram mais comuns, exigindo constantes intervenções para separar machinhos abusados ou femeazinhas ofendidas...

Bem diziam os ingleses:

— *Love is in the air...*

Não sendo muito mais velho que os meus alunos da então 4ª série ginasial — entre quinze e dezesseis anos, eu com dezenove — continuava despertando, até pela posição — e, agora, trajando uma *Lee* — algum fascínio nas garotas, e a reação antagônica dos rapazes, que julgavam a concorrência desleal... Dei, então, um passo em falso... Desabituado do convívio social — especialmente com mulheres — e acostumado às metáforas do interior, muito ligadas ao comportamento animal, dirigi-me furioso a um grupo de moças que me impediam de dar a aula do dia. Pareciam estar *possuídas* naquela manhã.

— O que é que está acontecendo aqui hoje, meu Deus?! Vocês, meninas, parecem umas verdadeiras vacas no cio! Não as estou reconhecendo! — bradei.

Não é preciso dizer que o universo veio abaixo. Todas calaram-se e me encaravam com um olhar ameaçador. Os rapazes só faltaram saltar das carteiras para assassinar-me em público e conquistarem alguns pontos diante das colegas atacadas e ofendidas. Se o tivessem feito, provavelmente teriam sido euforicamente aplaudidos. Percebi a enrascada em que me metera. Era tarde, porém... Mal soou a campainha, partiram todas, ou quase, à sala da diretora. Acompanhei-as.

— Dona Maria, nós não aceitamos o modo como o professor nos tratou hoje!

— Mas o que foi de tão grave? — perguntou a diretora, assustada.

— Ele nos chamou de *vacas no cio*! Isso é uma falta de respeito. Exigimos que seja mandado embora. Nossos pais vão vir aqui à tarde...

Culpado, cabisbaixo, arrependido do meu destempero, aguardava o desfecho, resignado.

— É verdade, professor? O senhor usou esses termos com essas moças?

— É verdade, diretora.

O silêncio era sepulcral. Na sala apinhada, os olhares transfixavam-me. Nem as antigas parceiras de coral pareciam dispostas a relevar meu destempero verbal. Junto à porta, obstruindo o corredor, os rapazes demonstravam ímpetos de *partir pra porrada*, em defesa das damas que só podiam ser — e eram — por eles ofendidas. Ouvi, sussurrada, a opinião de um deles:

— Ih, *si fudeu*!

A diretora retomou a palavra:

— Não tem mais nada a dizer, professor? Não é assim que um cavalheiro — principalmente um professor — se dirige a uma mulher, a uma dama...

— Tenho, sim, diretora. De fato, não medi a extensão das minhas palavras e, por isso, peço perdão...

Ouvi do lado de fora:

— Ih, *afinou*... Não disse?

Retomei a palavra.

— Todas elas me conhecem e sabem que lhes quero bem... Admito que brinquem um pouco, que haja alguma indisciplina, mas hoje exageraram... Não atenderam aos meus inúmeros pedidos e se comportaram como verdadeiras..., como uma manada... Juro que no dia em que se comportarem como damas, vou tratá-las como tal... De resto, a decisão é com a senhora...

— Muito bem, meninas, voltem para sua sala. O resto é comigo. Com vocês, eu converso depois...

Felizmente, eu não tinha mais aulas naquela manhã e parti para casa triste, aborrecido comigo e com os alunos. Era um jovem idealista que já não acreditava em coelhinho da Páscoa nem em *papai-noel*, mas em quase todo o resto. Eles — meus alunos e alunas — tinham praticamente a minha idade, contudo possuíam uma *vivência*, experiência, bem maior de vida. Eu tinha sérias dificuldades de entender os jovens, principalmente as mulheres. Minhas experiências de convivência com elas reduziam-se à infância, sendo algumas inatingíveis, tão distantes quanto as estrelas; outras, próximas, marotas, quase iguais a mim, com quem tinha toda a liberdade... Com essas, agora, mesmo acessíveis, deveria tomar um cuidado especial, até porque, para os pais, seriam sempre donzelas, dóceis, frágeis, a quem deveria respeitar, mesmo sendo desrespeitado...

A mágoa maior vinha de uma aparente traição... Eu me entregara de corpo e alma ao desejo de vê-las crescer, tornarem-se independentes, tratadas com igualdade e, na primeira oportunidade, valeram-se de sua condição feminina, de falsamente frágeis, com uma sensibilidade a ser usada quando lhes fosse conveniente... Acreditava que homens e mulheres eram iguais, sendo covardia apenas empregar força bruta contra elas em disputas físicas. Isso até com certas exceções... E, de repente, concluí que se valiam da feminilidade — mal interpretada — como um recurso que qualificaria como desonesto. Tivesse chamado os garotos de cavalos, teriam rido, relinchado, talvez...

Custou-me dormir aquela noite. Nem o trajeto até Paranaguá, as aulas insossas e inúteis, as conversas no carro conseguiram aliviar-me o coração pesaroso. Recordava cada fileira de carteiras, tanto na horizontal quanto na vertical, e a face de cada um ali sentado. Os mais amigos pareciam-me os mais revoltados. Alguns mantinham-se neutros; um esboçava um sorriso maldoso e uns poucos baixavam o olhar, como a dizer que nada tinham com o fato. Eu que me virasse...

Decidi que, se aparecesse algum pai ou mãe cobrando-me satisfações, tentaria manter a compostura até certo limite. Tinha tudo a perder, mas tinha, também, toda uma vida pela frente. Seria, talvez, o empurrão para um voo maior... Iria resolver no braço, se preciso fosse; partiria pra porrada, largaria tudo e sumiria no mundo...

Fui chamado pela diretora tão logo cheguei à escola na manhã seguinte. Pediu-me detalhes do incidente, deu-me alguns conselhos e acalmou-me. Foi até a sala no início da manhã e chamou a atenção da turma, alertando-os da perda que teriam com a falta de um professor naquela altura do ano letivo, além de conscientizá-los de sua parcela de culpa no incidente, bem como a necessidade de disciplina etcetera e tal...

Eu tinha com eles a última aula da manhã, que, por sorte, era de Inglês. Agi com a desenvoltura de sempre e treinamos uma canção nova, aceita até pelos mais resistentes. Ah, o bálsamo da música! Acabou em sorrisos simpáticos, olhares ternos e plenos de arrependimento. Um pedido formal de desculpas do professor e, talvez, alguns pares de olhos ternos e umedecidos... Prenúncio de dias menos tempestuosos.

CAPÍTULO 9
Fantasmas do passado

Findava mais um turno matutino no 29 de Abril, quando uma "kombi" lotada estacionou em frente à escola. Dela desceram cerca de dez sacerdotes, uns com as tradicionais batinas pretas, outros já adeptos do mais moderno *cleridgeman,* vestuário mais másculo e adotado como alternativa à tradicional batina, e agora autorizado pelo Vaticano.

Reconheci três deles: o padre Luiz Mark, antigo pároco de quem fora coroinha na minha terra natal e que me incentivou a ir para o seminário; o padre Getúlio, mineiro de origem, também ex-vigário de Constantina e grande amigo; um conhecido padre holandês que aparecia muito lá por Ponta Grossa. Estavam eufóricos. O motivo da visita é que conheciam o diretor do ginásio 29 de Abril, com quem diversos deles haviam estudado.

Após calorosos cumprimentos, dirigimo-nos ao então melhor restaurante da cidade. A comida ali — em 1970 — era farta e boa, além de muito acima das minhas limitadas possibilidades. Eu estava excepcionalmente feliz. Pelo padre Luiz, nutria um verdadeiro amor filial. Descortinou-me um universo novo. Narrava episódios da vida na Alemanha, passava filmes no salão paroquial. Fotografava a paisagem do interior, usando-me — menino de nove ou dez anos — como "modelo", ou presença humana, nas fotos que mandava aos parentes na Europa. Só não saciava minha curiosidade sobre a guerra. Se estivesse calmo, comentava alguns fatos, porém ia tornando-se nervoso, como a reviver maus momentos, e interrompia a narrativa. O padre Getúlio era extremamente discreto e gentil. Comunicava-se por frases e sorrisos. Jamais o vira, contudo, discorrer sobre algo... Descobri mais tarde que esse era o *jeito mineiro* de ser...

Haviam-se dado — segundo afirmaram — um dia de "férias", após um encontro religioso na capital. Alguns revelaram nem conhecer o mar, assim de perto, embora já avançados em idade. À tarde subiriam a serra, como se dizia, e cada um retornaria a alguma cidade do interior, para suas paróquias isoladas e rotineiras atividades. Receava, de início, que me cobrassem o fato de haver "abandonado a messe", mas não; trataram-me como a um amigo de longa data, apenas.

— E a dona Carmen, padre Luiz, ainda trabalha com o senhor? — perguntei-lhe.

— Sim, sim. Está muito bem. Muitas vezes fala de você... Gostava de você como de um filho...

— Diz pra ela que eu também não a esqueci. Mando-lhe um abraço especial...

Eu não dava ouvidos ao que o povo comentava dele. Os maldosos diziam que ali havia uma relação que ia além da simples prestação de serviços. Já mais adulto e conhecedor de alguns segredos, começava a aceitar essa possibilidade... Mas e daí? Gostava de ambos e pronto! Eram bons, discretos, e o resto — se mais houvesse — era entre eles e Deus.

Padre Getúlio retornara a Constantina, onde era muito querido pelos paroquianos. Embora tendo a oportunidade, nada lhe perguntei sobre o jovem sacerdote a quem me havia incumbido de ajudar com aulas de Português e de oratória, fato que me pusera em uma "saia justa" terrível.

Partiram após o almoço, felizes como um bando de adolescentes em férias. Quanto a mim, por dias lembrava-me de cada um deles e de outros que conhecera. Alguns pareciam-me virtuosos, já outros... Mas, enfim, faziam parte do passado, e seu compromisso de acertar as contas era lá com o Senhor.

Certa manhã de sábado ensolarado, não muito tempo depois, banhava-me na Praia do Cristo, sozinho e feliz. Afastava-me até onde mal dava pé, aguardava a onda e o momento certos e lançava-me a *pegar jacaré*, como se dizia. Olhei para o sol quase no zênite e, já cansado e satisfeito, decidi pelo derradeiro lance. Deslizei como um torpedo até a parte rasa e por pouco não atropelei o jovem senhor à minha frente. Levantamo-nos simultaneamente e ali estava ele, boquiaberto, à minha frente. Instintivamente, com os punhos fechados, esfregou ambos os olhos e perguntou:

— Enio? Por acaso você é o Enio?
— Sim, padre Fulano. Sou eu, como vai?

A dois metros dele, um rapazote ficou a olhar-nos e, em seguida, discretamente abandonou a água em direção à areia.

Eu não o havia mais visto desde a sua saída de minha terra natal nem perguntara sobre seu destino a nenhum dos conhecidos. E, agora, como um fantasma saído das águas, ali estava à minha frente. Jamais poderia imaginar, nem na melhor estória, tamanha coincidência. Conversei educadamente. Perguntou-me o que fazia ali. Expliquei-lhe por alto, tentando abreviar o encontro, mas ele insistia em estender a conversa. Estava certo de que havia entendido minha reação à época, porém julgava não estar no meu direito tratá-lo com grosseria e desconsiderá-lo como ser humano, ainda mais na condição de sacerdote. Ao tentar despedir-me, acompanhou-me.

Enquanto caminhávamos em direção à orla, onde nos aguardava seu jovem companheiro, trocamos informações sobre padres conhecidos. Revelou-me que se tornara vigário de uma cidadezinha próxima à capital e que estava hospedado na casa de um paroquiano muito piedoso que lha oferecera. Fiz mais uma tentativa de abreviar o encontro, afirmando ter compromisso, pois ajudava a servir almoço no hotel onde me hospedava. Pediu-me o endereço e, com o indicador, apontei-lhe onde ficava. Imaginei não o ver mais, embora em nada me perturbasse sua presença.

Por volta das três horas, bateram na porta do quarto. Era a funcionária do hotel:

— Professor, tem um homem aí que quer ver o senhor. Disse que o conhece...

— Deu o nome?

— Armando..., não ... sei lá. Desculpa. Esqueci ou não ouvi bem.

— Com esse nome não conheço ninguém... Tudo bem. Pode deixar subir...

Era o próprio. Sorridente, sozinho, sentou-se na cadeira que lhe ofereci, enquanto eu, dada a exiguidade do quarto e para ficar de frente com o interlocutor, sentei-me numa extremidade da cama. Calor intenso e mormaço exigiam a porta aberta para haver circulação de ar. Não me sentia muito à vontade com sua presença. Após um pequeno, mas *eterno*, silêncio, falou:

— Você não parece ter ficado feliz com a minha presença...

— Desculpe se lhe causei essa impressão. Foi, de fato, uma surpresa...

— Acho que as coisas ficaram mal resolvidas entre nós...

— Não. Eu acho que ficaram bem claras depois daquela conversa que tivemos quando esteve lá no seminário, em Ponta Grossa, no ano passado. Nem perguntei mais de você aos outros padres nossos conhecidos para não despertar curiosidades e tal...

— Então está bem. Mas como é que você veio parar aqui neste lugar?

Relatei-lhe, então, tudo que ocorrera desde cerca de um ano, quando o vira pela última vez. Voltou, então, à carga:

— E aquela moça que você disse que namorava lá em Ponta Grossa?

— Terminamos. Chegamos à conclusão de que nossa relação não tinha futuro. Ela era muito pé no chão...

— Desculpa, mas o que significa isso? Era pobre demais?

— Não, nada a ver. É uma expressão do português. Ela era realista e queria casamento pra logo. Enquanto eu pretendia terminar a faculdade primeiro... Além do mais, percebi que não gostava tanto dela a ponto de casar...

De alguma forma, seus olhos brilharam e esboçou um requebro afetado:

— Isso significa que eu posso ter alguma esperança...

Retruquei na hora:

— Olha, Fulano: se você vier com esse papo novamente, é melhor ir embora...

— Desculpa. Foi apenas uma brincadeira... Parece que perdeu seu senso de humor... Mas... e no momento tem alguma outra namorada?

— Não. Estou dando aulas particulares para uma moça. É muito bonita, saio bastante com ela e a família, mas não passa disso.

Mostrei-lhe uma foto de nós, com os familiares, sentados na praia do Cristo. Observou atentamente e falou:

— Realmente... muito bonita! Morena... Dizem que essas são as mais perigosas... Sinto vontade de matá-la...

Tentei levar para a brincadeira, embora seu olhar não fosse nada amistoso. No hiato da conversa, retomou:

— E recebe um bom salário pelo seu trabalho?

Relatei-lhe as agruras por que passara.

— Meu Deus! Nunca imaginei isso... E como vai até a escola?

— A pé. Faço uma boa caminhada. Não é tão longe...

Com o pretexto do intenso calor, convidei-o a sair do quarto e ir até a varanda do hotelzinho, pedi dois refrigerantes e ficamos a conversar diante do mar:

— Muito bonito este lugar. Eu não conhecia. E, mesmo sendo tão quente, faz sentido com toda essa água... Na Polônia é sempre frio; às vezes um pouco mais quente... Nunca, porém, assim...

— É, eu gosto muito daqui. Às vezes vou ler ou estudar lá — está vendo? — no alto do morro do Cristo...

Ficou em silêncio, olhando absorto o mar. Voltou-se então para mim e falou:

— Olha, eu retorno para a Polônia daqui a um mês. A passagem já está marcada... Devo ficar por lá uns três ou quatro meses. Eu gostaria de deixar esse carro aí com você...

Apontava para um Volkswagen *Variant* novo, "sonho de consumo" da época... Continuou:

— ... Sabe dirigir, não sabe?

— Sim, aprendi com o pai de minha aluna particular...

— De sua namorada, quer dizer... Ele vai ficar lá parado mesmo...

Eu queria, de fato, era livrar-me dele e do carro. Quisera ser *cristão*, tolerante, condescendente... Ouvia o *Antoine de Saint Éxupéry*, com sua raposa do cacete buzinando-me no ouvido: "És eternamente responsável por tudo aquilo que cativas...". Eu não fizera nada para "cativá-lo"; apenas o ajudara em seu português sofrível para não fazer fiasco diante dos paroquianos... Além do mais, eu detestava raposas, que era como chamávamos os gambás... Lá queria saber de cativar homem! Atendera a um pedido do meu amigo, padre, para orientá-lo em seu português incipiente. Nada além disso, e acabou nessa obsessão... Mas não adiantava! Lá vinha uma "vozinha" do passado, insistindo que era um ser humano atormentado desde a infância, com traumas... E não seria, de fato, cristão desprezá-lo... Não nutria preconceito contra homens — ou garotos — mais delicados, talvez até afeminados. Só que não confundissem as coisas e viessem com intimidades...

Busquei nova alternativa:

— Deus me livre, nem pensar... Aliás, nem seu ele é; é da I-gre-ja!... (destaquei bem as sílabas!)... de sua paróquia. As pessoas o que irão dizer?

— Não!... esse aí é MEU! Está, inclusive, em meu nome. Foi um presente dos meus parentes lá da Polônia... Posso fazer dele o que quiser. Até dar pra você...

— Ué?!... Mas então as coisas estão mudando mesmo... A Congregação agora permite ter bens pessoais? E o tal voto de pobreza?

— Sei lá! O fato é que esse aí é meu e eu faço dele o que quiser!

Nesse momento era o Novo Testamento que ouvia, mais especificamente o evangelho que falava da tentação de Cristo pelo demônio, no alto do monte: *"Mostrou-lhe todas as riquezas e disse: — Tudo isso te darei, se, ajoelhado, me adorares..."*.

— Olha, eu lhe agradeço, mas não! Além de a corrosão destruir todos os carros aqui, eu posso ter um acidente e não terei como ressarcir-lhe...

— Você é mesmo um alemão cabeça-dura! Não entendo você...

Estava no limite da minha paciência. Quanto mais eu negava, mais ele se insinuava. Anoitecia quando aleguei ter um compromisso.

— Olha, eu toco na missa daqui uma hora com meus alunos e preciso me ajeitar e ir... Se quiser me acompanhar...

— Não, estou de férias... E meu coração não tem clima para missas hoje.

Apertou exageradamente forte a minha mão e partiu. Devolvi as garrafas de refrigerante na copa. O filho do proprietário, experiente conhecedor de homens e mulheres, apesar da pouca idade, deu-me um leve e significativo sorriso. Constrangido, expliquei:

— É padre!

Sorriu novamente:

— Sei!

Desapareceu. Imaginei que tivesse sido transferido para algum lugar distante após eventual retorno da Europa. Sentia por ele um misto de dó e raiva. Percebia o quanto sofriam pessoas como ele. Dificilmente tinham amigos, pois os colegas temiam ser, também, discriminados. Os pais normalmente os rejeitavam e cobravam atitudes másculas ou os desprezavam. As pobres mães exageravam nos carinhos, como uma espécie de compensação. A sociedade era extremamente cruel com eles.

Teriam culpa? Seriam vítimas? O fato era tabu e pouco havia — ao menos que eu soubesse — que tratasse do assunto.

Tinha um aluno com características semelhantes. Voltava para casa comigo após a aula, pois fazíamos o mesmo trajeto. Tornei-me seu amigo e ele jamais manifestou uma atitude sequer que me constrangesse. Respeitava-o e era respeitado. Percebia o quanto era discriminado e como sofria... Certa vez até me convidou para um almoço dominical em sua casa. Morava com os padrinhos, talvez pela rejeição paterna. Mesmo ali, senti o desconforto deles com a minha presença... O casal, sem filhos, fora extremamente gentil, mas não me pareceram à vontade.

Que vida! Mas cada um tinha a sua. Bem que, à época, queria salvar o mundo, mas estava aprendendo que não era possível.

A minha cobrava-me seguir em frente. Era já atribulada e cada um tem sua carga, como afirmava mamãe em sua simplicidade camponesa... Aos poucos, parecia-me que a vida mundana me obrigava a ir desenvolvendo uma casca de proteção, como as plantas.

Estávamos já em novembro, a caminho da faculdade, quando o colega proprietário da condução anunciou:

— Recebi carta do Gobor, ontem. Estão voltando dos Estados Unidos... Devem chegar por aqui em janeiro...

— Os três ou somente ele? — perguntou dona Maria.

— Todos... ele, o Bruno e o tal de Araújo...

— Ué, mas então não deu certo o negócio deles lá? Parecia que ia tudo tão bem... Pensei que o *Polaco* nunca mais ia voltar...

— Disse que a Imigração tá apertando o cerco contra estrangeiros ilegais...

— Então não conseguiram o visto, o tal de *green card*...

— Acho que não...

Eu permanecia quieto, apenas ouvindo, como se estivesse alheio à conversa. A notícia afetava-me de certa forma. Mesmo não tendo conhecido as personagens citadas, era notória sua fama ao aventurarem-se, por conta própria, em uma empreitada excitante e desejada por tantos jovens brasileiros, inclusive os da pacata Guaratuba. Já havia conhecido o fenômeno em Ponta Grossa, onde quase cada família tinha um membro nos *States*...

José Gobor era o professor a quem eu viera substituir, admirado e querido por todos os alunos e amigo de praticamente todos os cidadãos. Estava um ano mais avançado que eu na faculdade e, portanto, acima de mim na hierarquia para assumir as aulas. Se decidisse, após retornar, permanecer ali, eu provavelmente deveria arrumar a trouxa e buscar novas paragens...

Ele representava o *sonho americano* da maioria dos jovens estudantes da época. Tivera a coragem de lançar-se em uma aventura idealizada por tantos, afastando-se da repressão da ditadura militar, embora ali, em Guaratuba, isso pouco ou nada representasse. Porém, ir para os EUA significava o mesmo que ingressar no paraíso. Pouco se sabia de fato de lá, além dos filmes, o que açulava a imaginação de qualquer adolescente, rebelde ou não.

Começava a precaver-me, pois possivelmente seria o fim da minha carreira ali. Apertei o cinto e somei minhas economias... Para a terra natal é que não voltaria. Pareceria derrotado, pedindo arrego. *"Para a frente é que se anda!"* — pensava. Se nos EUA estava difícil, tentaria, talvez, a Alemanha... Uma volta às origens... Nada mau! Acalentava também esse sonho.

Outro fator a prender-me ali era o fato de que começara a gostar da garota a quem dava aulas particulares. Apesar de me sentir constrangido pelo fato de ter com ela uma relação profissional, acabei acedendo ao pedido dos pais para ministrar-lhe aulas de Inglês. Mantinha, contudo, uma relação estritamente formal, especialmente dentro dos limites da escola. Despertou, porém, curiosidade e ciúmes essa minha intimidade com a família, que me convidava para almoços dominicais e pescarias e era muito visto em companhia deles na praia. Por respeito aos pais e zelo profissional, mantinha-me resistente a qualquer declaração ou manifestação de afeto...

Enfim, acabou meu primeiro ano letivo, com hurras e choros, alegrias e pesares, pais radiantes e revoltados, não, porém, como ocorreria nos anos vindouros. Saudoso de casa, dos pais e familiares, retornei aos *pampas* para uma temporada de repouso. Era ainda reconhecido por vizinhos amistosos e simpáticos, parando-me aqui e acolá para um dedo de prosa.

CAPÍTULO 10
Perdido entre dois mundos

Tendo estado já um ano afastado da casa paterna, com vida própria, independente, pude observar o quanto eram diferentes as duas realidades, mesmo com tantos fatores comuns. Sentia-me bem em ambas, contudo, e logo me integrava ao ambiente e às pessoas. Por sete anos, estivera afastado da família, da terra natal, mas era a única realidade mundana que conhecia. O seminário assemelhava-se a uma redoma, um universo único, diverso, e nada tinha desse mundo real... Mesmo estando distante dele há cerca de um ano, cada ação parecia estar sendo analisada, avaliada, censurada... Parecia-me que o olho onipresente de Deus — dentro daquele triângulo — vigiava-me o tempo todo. Aos poucos, porém, começava a libertar-me.

Em casa, algumas mudanças haviam ocorrido. Sem herdeiro para a olaria, papai decidiu vendê-la. Estavam, ele e os tios, todos velhos e castigados fisicamente pelo trabalho árduo de tantos invernos. Cada um tinha suas pequenas economias, um cantinho de terra com que se ocupar e os filhos já encaminhados e independentes... Era tempo de repousar e aproveitar o pouco que haviam amealhado — o destino ancestral dos velhos *alemães*...

Papai, mais conformado com minha decisão, convidava-me, às vezes, para acompanhá-lo à bodega e aos monótonos jogos de baralho. Via-se que estava feliz em ostentar-me como um homem bem-sucedido — ao menos em sua concepção — e dividia comigo, orgulhosamente, sua garrafa de cerveja. Pouco falávamos, mas era visível a relação harmônica entre nós.

Aos domingos, reassumia, estando em férias e a passeio, meu posto na igreja local, injetando novas canções nas cerimônias e reatando laços com antigos colegas de infância e escola. Se era fé ou hábito, não sei, todavia dava-me prazer e deixava mamãe nitidamente feliz... Conformava-se, pois ao menos não me havia perdido.

Dediquei-me a ajeitar um pouco a casa, lavando paredes, renovando a pintura de mesas e cadeiras, como se fazia nos finais de ano. Reuníamos a família para os saraus, dividindo momentos alegres ao som de velhas canções familiares que deviam ainda ecoar pelos morros de Arroio do Meio. Festejamos o Natal e entramos no verão quente e abafado da serra gaúcha, com dias tórridos e noites sem a mais leve brisa.

Decidi, então — vencido pelo calor e apatia, principalmente — antecipar meu retorno ao Paraná. Contribuiu o fato de não ter certeza de continuar a atividade na escola em Guaratuba e as implicações a isso relacionadas, como a eventual mudança de faculdade, preocupações que preferi manter em segredo.

Ao retornar, estranhei muito o fato de encontrar dificuldades já na Estação Rodoviária de Curitiba para conseguir uma passagem até o litoral. Não tinha noção do que fosse uma temporada de veraneio. A caminho do litoral, impressionou-me o volume de carros de passeio que, lenta e cuidadosamente, desciam a serra. De Praia de

Leste a Caiobá, pela rodovia costeira, hordas de homens e mulheres seminus, portando guarda-sóis e cadeiras, faziam malabarismos para chegar à borda do mar. Os quatro *ferryboats* do Porto de Passagem revezavam-se no atracadouro, sobrecarregados de automóveis e pessoas alegres apinhadas no convés superior.

— "*Que que é isso, meu Deus!*" — pensei, estupefato.

Ao chegar à rodoviária, tomei um táxi por causa do peso da bagagem. O motorista, que já me conhecia, pai de dois alunos, foi gentil e anunciou:

— Preço especial pro senhor, professor. Fique tranquilo!

No hotelzinho, apresentaram-me um rapaz alto, forte, com feições e porte de artista de cinema:

— Este é o Bruno, filho do seu Kurt!

— Ah, aquele que estava nos Estados Unidos...

— Isso mesmo!

— Então quer dizer que o professor de inglês também já voltou?

— Sim... o José. Viemos juntos. Tá por aí... Acho que foi até o centro...

Voltei-me para a funcionária, também minha aluna:

— E daí, ainda tem o meu cantinho disponível?

— Claro, professor. Só que lá nos fundos, como aquele de quando chegou... Sabe, temporada, quarto grande... cabem quatro pessoas. Não se importa?

— Absolutamente! Compreendo, sem problemas.

— Aliás, tomamos a liberdade de guardar seus pertences lá...

— Ótimo! Muito agradecido.

Acomodei-me, sem qualquer ressentimento. Entendia a situação e não precisava mais do que aquele pequeno espaço, onde cabia perfeitamente o pouco que possuía. Após um refrescante banho de mar na Praia Central, apresentei-me para auxiliar a servir os clientes, se necessitassem. Diante do intenso movimento, aceitaram meus préstimos e eu podia, assim, praticar meu velho hábito de conversar com estranhos. Era-me agradável e, ao mesmo tempo, retribuía as gentilezas dos proprietários.

Findo o jantar, decidi ir até a praça central. Ali, concentravam-se os moradores locais e a grande maioria dos alunos. Entre eles, o assunto era um só: o retorno do *antigo* professor de Inglês. Tentavam ser gentis comigo, contudo traíam-se ao deixar transparecer curiosidade sobre como seria nosso encontro pessoal.

De repente, divisei um grupo de alunos das séries mais avançadas circulando a praça, acompanhados de um rapaz alto, de andar marcante, a gesticular, animado. Jamais havia visto uma foto sua, porém concluí:

— É *ele*... só pode ser *ele*...

Aguardei a passagem do *séquito*, acerquei-me, cumprimentei-os e apresentei-me ao meu provável colega. Mil olhos observavam-nos de perto e, certamente, também de longe. Respeitosamente, o grupo dispersou-se e pusemo-nos a conversar, eu bastante curioso de sua aventura e ele aparentemente receoso do rumo da conversa. Houve simpatia recíproca e a franqueza foi total. Decidimos dividir as aulas que nos coubessem, já que ambos precisaríamos do salário para nos mantermos e cursar a faculdade. Dali nasceu uma grande amizade.

Estávamos no início de janeiro, auge da temporada. Haveria, ainda, dois meses inteiros de sol, mar, calor e vadiagem. Não estava habituado àquilo, àquela *paralisia*.

Podia ter ficado em casa, ou, melhor, na casa dos pais, todavia a ansiedade e a incerteza deixavam-me inquieto. Estava, também, curioso por conhecer a tão exaltada "temporada", expressão que mais se ouvia durante o ano todo. Passada uma semana de banhos diários, com a pele clara castigada pelo sol causticante, sentia-me, já, saturado de vadiagem e ansioso por alguma atividade prática. Ofereci-me, então, para ajudar no armazém e mercearia do proprietário do hotel, na hora do *rush*, mesmo sem nada receber como pagamento. Tinha, ali, a oportunidade de conhecer mais pessoas, inclusive estrangeiros, com quem praticava meu sofrível inglês...

Aos domingos pela manhã, marcava ponto na igreja. Apesar de justificadas desilusões com as atitudes de tantos padres que havia conhecido, não mudara meus princípios e minhas crenças em razão de tantos outros que admirava. Julgava que era preciso *separar o joio do trigo*.

Percebia, porém, que se iniciava em mim alguma transformação. Na escola, jamais me permiti desviar do conteúdo das aulas para qualquer referência de cunho moral ou religioso. Ciência e fé tinham hora e lugar... Ultimamente, nem da tal *oração inicial* gostava mais, pois sabia que ali havia luteranos, crentes, seguidores do candomblé, mas era praxe e cumpria o ritual. Na igreja, era diferente. Quem estivesse, porém, ali, no velho templo, vindo de onde quer que fosse, merecia um momento de oração mais profunda e emocionante, de belas canções, palavras de incentivo, e que retornasse ao lar leve e feliz. Injetei novidades como os *Poemas para rezar*, de Michel Quoist, que chamavam a atenção para uma espiritualidade mais madura, diferente das palavras vazias e repetitivas de orações milenares e que faziam refletir sobre valores mais *cristãos* e menos *católicos*...

Entrávamos no mês de fevereiro quando o pai de minha aluna particular me solicitou um favor:

— Enio (eu lhe pedira que parasse de chamar de "professor", uma vez que já tínhamos intimidade e era mais velho que eu...), você poderia me *quebrar um galho*?

— Claro, se estiver ao meu alcance...

— É que minha esposa e os filhos vão a São Paulo na casa de parentes... Devem tomar o ônibus em Curitiba e eu não poderei acompanhá-los... Daí, como você está de férias e conhece bem a rodoviária, talvez pudesse ir com eles até lá e encaminhá-los...

— Posso, sim, será um prazer...

De fato, sentia-me bem em retribuir o acolhimento que recebia da família, na qual já era praticamente considerado um membro. Mesmo já sentindo forte afeto e atração pela filha, resistia em manifestá-los, dada a condição de ser *seu* professor. Nessa viagem, contudo, lado a lado, nossas mãos entrelaçaram-se pela primeira vez e um beijo tímido nos aproximou... O difícil, na sequência, seria conversar com o pai da moça...

Após auxiliá-los a acomodar-se no ônibus, permaneci por algum tempo sentado nos bancos da estação, organizando-me.

Havia levado comigo uma pequena mala, pois aproveitaria a oportunidade para visitar ex-colegas de turma que viviam em uma "república", após uma crise com os antigos "superiores" religiosos. Munido de algumas fichas telefônicas, tentei contato. Em vão. Sentei-me em um banco da rodoviária, articulando alternativas, quando fui abordado por um senhor, alto, forte e inchado.

— Moço, o senhor poderia me ajudar?

Reconheci-o. Já o havia visto em outra ocasião. Devia ter sido quando retornava do Sul. Mas estava bem pior, sujo; uma mancha de sangue coagulado na altura da barriga... Eu era, então, ingênuo, inocente e religioso. Não via um "homem" ali diante de mim; era o próprio "Cristo", ali, ferido, ultrajado, rejeitado, testando-me. O eco de suas palavras soou em meus ouvidos: *"Tudo o que fizerdes a um miserável como esse é a mim que o fareis!"*.

— Pois não, o que posso fazer pelo senhor?

— Olha, o que o senhor me der tá de bom tamanho. Não comi praticamente nada hoje o dia inteiro. Um pingado e um pãozinho já *taria* bom. Posso sentar?

— Claro que pode. Mas eu acho que já vi o senhor por aqui há cerca de um mês...

— Pode até ser, tô aqui, de fato, pra mais de mês. Vim me tratar... Tive uma hérnia, que arruinou. Fui pra Santa Casa, operaram e depois me liberaram, mas tinha que voltar pros curativos. Os filhos me botaram aí numa pensãozinha, mas agora faz um tempão que não aparecem...

— Ah, sim! Lembro, lembro... Disse que aguardava uma liberação...

Eu pouco sabia do "mundo exterior", especialmente da vida em cidade grande. Ele lembrava-me o último miserável que assistira na Santa Casa de Misericórdia de Ponta Grossa. Estava lá jogado, após uma cirurgia. Implorou-me que mandasse cartas a seus familiares, porém, sem ter um endereço certo, encaminhadas a um comerciante de quem sabia apenas o primeiro nome e possivelmente jamais chegaram ao destino, apesar de meu empenho... Mas, mesmo assim, só a esperança alimentada de um possível retorno lhe tivesse sido um bálsamo... Até o dia em que retornei para minha "pastoral" e encontrei o leito ocupado por um estranho... Havia partido, só que para o além...

Fui interrompido em minhas elucubrações por sua voz chorosa:

— Tenho dormido aqui pela rodoviária... O guarda até que é gente fina, faz vista grossa e me deixa esticar aqui pelos bancos depois que acaba o movimento...

— Mas e por que não vai até a pensão?

— Vergonha! Tô devendo pra mais de mês e daí, sabe, né: o pessoal começa a olhar meio torto...

— Mas e o senhor nunca telefonou pra eles, os seus filhos?

— Ah, moço!... Isso de telefonar é fácil pra vocês, mas eu não sei, não! Além do mais, não tenho nenhum número e ninguém por lá tem telefone, não... Só na venda.

Entre as ações de um bom cristão que me foram inculcadas desde pequeno estava a recomendação de visitar os doentes. O pai e a mãe só visitavam amigos, parentes ou conhecidos mais necessitados, mas eu, por recomendação das freiras e do padre, vez ou outra saía de casa e, até meio sujo do barro vermelho, ia fazer uma visita no hospital, desde os tempos do dr. Ferlauto e, mais tarde, do dr. Panassolo. Recebia como paga um sorriso da enfermeira mais linda que podia existir, a Domingas, de quem fora paciente e que roubara meu coração de criança, pela beleza e pela atenção.

Curioso, passava, às vezes, uma tarde toda perambulando pelos corredores, espiando pela porta, ouvindo estórias de tiros, facadas, acidentes ou incidentes entre vizinhos. Lembro-me do crânio afundado do *velho* Freddo, por causa de uma martelada no cocuruto... No final da tarde, além de haver praticado uma boa ação, tinha novidades para contar em casa na hora do chimarrão...

— Desculpa, moço, mas o senhor tá viajando?

Voltei à realidade. Não sabia se a pergunta era pelo fato de havê-lo esquecido momentaneamente, perdido em minhas recordações, ou por causa da pequena mala que segurava junto a mim. Trancara-a bem com um cadeado, mas não a largava de jeito algum, pois dentro havia guardado uma soma de dinheiro que — para mim — era uma pequena fortuna.

— Desculpa o senhor. É que eu estava aqui pensando... É muito o que o senhor deve lá na pensão?

— Depende... é quase um mês... Tá certo que é uma pensãozinha assim simples, tocada por dois irmãos...

— Bom... eu preciso dormir esta noite em algum lugar e aqui é que não pode ser... Daí eu podia ir com o senhor... Eu vou ajudá-lo, pagando parte da sua dívida e, assim, o senhor pode voltar a dormir lá... ao menos por um tempo. Pode ser?

— Não precisa, não, senhor! Uns troquinhos já tá bom...

— Não, é essa a ajuda que eu vou lhe dar... Será que tem lá uma cama pra mim?

— Deve de ter...

Fomos até o ponto de táxi, bem em frente à estação. Eu não fazia a mínima ideia para onde nos levava. Conhecia muito pouco a capital.

Ao desembarcarmos, vi-me diante de um enorme casarão antigo decadente. Seriam aproximadamente onze horas. A porta frontal estava fechada e as luzes todas apagadas.

— E agora? Será que devemos chamar os proprietários? — perguntei.

— Não carece... o dormitório fica lá embaixo, no porão. A porta fica aberta e sempre tem cama vazia. Amanhã o senhor acerta com eles...

De fato, havia uma espécie de dormitório com umas seis camas. Ele acomodou-se e falou:

— Pode pegar essa aí do lado... Não é de luxo, mas deve estar limpa... Tá arrumada...

Não havíamos acendido as luzes, mas, aos poucos, os olhos foram-se habituando à escuridão, que não era total em razão da iluminação da rua. Tudo, ali, cheirava a mofo. Pus a mala no chão, bem rente à minha cama e tentei dormir. O travesseiro causava-me certa repugnância. Tirei um lenço limpo do bolso, abri-o e forrei onde poria o rosto.

Rezei as orações habituais desde a infância e acrescentei um pedido especial a Jesus Cristo, porque, de repente, tomei consciência do risco em que me havia metido: *"Senhor, tu sabes que é por ti que aqui estou... Ouvi tuas palavras e atendi o teu pedido. A ti entrego meu corpo e minha alma. Protege-me!"*.

Extenuado, adormeci. Em certo momento, pareceu-me ouvir um leve ruído de metal. Era-me conhecido: o fecho da mala, trancado com um cadeado, cuja chave guardava em meu bolso. Movimentei-me na cama e o barulho cessou. Virei-me discretamente para o lado do "companheiro", mantendo, porém, os olhos minimamente abertos. Fingi dormir novamente, e o discreto ruído recomeçou. Pude vê-lo, então, tentando abrir a mala. Primeiro apenas com os dedos, depois com algum objeto — talvez uma chave sua.

O sangue ferveu-me nas veias. Tive ganas de saltar-lhe em cima, tomar a mala e sair porta afora. Mas e daí? O tiro poderia sair-me pela culatra! Quem estava no lugar errado, na hora errada, era eu! Digamos que o vencesse em uma disputa corporal, bastava-lhe gritar, denunciar-me, inventar uma estória qualquer, os proprietários chamariam a polícia e eu iria acabar atrás das grades...

Apelei novamente a Cristo:

— Ajuda-me! Inspira-me, Senhor!

Mais tranquilo, passei a *jogar* com o mal-agradecido. A cada tentativa sua de abrir a mala, eu mexia-me. Fingia estar sonhando... Finalmente, desistiu e, cuidadosamente, pô-la de volta ao lado da minha cama. Logo estava ressonando, mergulhado em sono profundo.

Eu é que não dormi mais e aguardava o dia clarear. Tive tempo de refletir sobre sua condição miserável e perdoei-lhe a tentativa de furto. Poderia ter-me levantado e saído sorrateiramente em busca da rua. Ninguém teria visto nada. Mas, não! Eu iria pagar seus débitos em atraso, senão de nada teria adiantado toda a situação ali vivida.

Percebi, então, movimento no andar acima. Clareava e podiam-se ouvir passos e vozes. Levantei-me, penteei os cabelos, alisei a roupa com que dormira, apanhei a bagagem e dirigi-me para a tal porta de entrada.

Ao me verem chegar, dois jovens senhores — os proprietários, pensei — olhavam-me com espanto. Dirigi-me a eles:

— Desculpem! Eu dormi aí embaixo essa noite... Vim com um senhor... Como era tarde e tudo estava fechado, não quis perturbá-los...

— Mas o senhor é o que dele? — perguntou-me o mais velho, com ar de assustado.

— Nada, não sou parente... Ele me contou sua história e decidi ajudar. Quanto é que ele está lhes devendo?

— Não deve nada, não moço! Aliás, deve, mas a *gente dele* vem aqui e paga...

— Tem certeza?

— Sim, senhor. O pessoal dele vem aqui e acerta... Às vezes, atrasam, mas vem.

— E eu, o que é que eu lhes devo?

— Nada, não, pode ir embora...

No portão da velha mansão, olhei para trás e vi-os ainda boquiabertos. Em seu olhar, pude ler:

— *Não acredito! Será que é veado?*

— *Pior se for da polícia...*

Com o dia clareando, comecei a distinguir os arredores. Não devia estar longe da rodoviária. Dirigi-me ao primeiro transeunte, um senhor na faixa dos quarenta anos:

— Senhor, por gentileza, em que direção fica a rodoviária?

— Ali na frente tem uma avenida grande, a XV de Novembro. Vai reto e lá na frente dobra pra direita. Não tem erro. Mas é meio longinho...

De fato, acertei. A tal Avenida XV de Novembro eu já conhecia de velhos tempos. Entrei em um bar e pedi uma média com leite e um pão com manteiga. Em seguida, tentei novamente contato com meus antigos colegas. Sem sucesso, porém. Lembrei-me do amigo e vizinho, conterrâneo, Antônio Celso. Não morava muito longe dali... Quem sabe não arrumaria um lugar para eu ficar? Não tinha o seu número de telefone, todavia. Andei, então, até o endereço, indagando aqui e ali, receoso, porém, de que pudesse estar fora.

— Lamento. Ele viajou. Está no Rio Grande do Sul e só volta em março...— afirmou o único ocupante da república.

Éramos assim: simples e ingênuos. Não nos passava pela cabeça desperdiçar dinheiro com um hotel, por simples que fosse, se tivéssemos amigos ou conhecidos. Abriam-se as portas da casa a todos. Abrigávamos e éramos abrigados... Comia-se o que tivesse, se houvesse.

Retornei à estação rodoviária. Veio-me, de repente, a ideia de tomar um ônibus para a cidade do jovem padre com quem me deparara em Guaratuba uns meses antes. Devia ter já retornado da terra natal, eu conheceria a região, ajudá-lo-ia na missa e poderíamos conversar um bocado. Afinal, convidara-me para visitá-lo, independentemente da minha resistência a seu assédio. Acreditava piamente que deixara bem clara minha posição no último encontro e não conseguia nutrir raiva dele. Sentia dó. Ingenuamente, chegava a pensar que Deus me havia dado a missão de salvá-lo...Ser um *pederasta* à época já era uma tragédia; *padre pederasta*, então, nem se fala... A mim, até o termo grego soava mais ofensivo que a gíria. Talvez coubesse a mim resgatá-lo. Mantinha segredo absoluto de sua condição. Jamais comentara o fato com quem quer que fosse. Já bastavam suas crises pessoais de consciência, que ele deveria tê-las...

O trajeto era curto e pelas dez horas estava batendo palmas diante da casa paroquial. Atendeu-me uma senhora com traços de ascendência polonesa e com cara de poucos amigos.

— Bom dia, senhora! O padre Fulano está?

Mediu-me de cima a baixo, voltou a cabeça para dentro e berrou:

— Padre, *seo Padre*! Tem um moço aqui querendo ver o senhor...

Surgiu na porta e, sorridente, esboçou um abraço, mas conteve-se.

— Você aqui?

— É, estava à toa em Curitiba e resolvi fazer-lhe uma visita...

— Entra, entra! Pensei que nunca mais ia te ver na vida...

Dirigiu-se, então, à empregada:

— Fulana, capricha no almoço que hoje temos visita. O Enio foi seminarista lá em Ponta Grossa, muito amigo do padre Beltrano, que era daqui, lembra?

— Lembro...

Torceu o nariz, aparentemente nada feliz com a recomendação que recebera. Serviu o almoço, com a seriedade de uma governanta sueca, lavou a louça e desapareceu.

— Ela encerra o expediente às duas horas, então vai para casa e só volta na segunda-feira... — explicou-me.

Naturalmente, tendo chegado sem avisar, tinha noção de poder estar atrapalhando as atividades do pároco, por isso me adiantei:

— Olha, se tiver compromisso, eu tanto posso acompanhar e ajudar, como posso ficar por aqui lendo alguma coisa até que volte. Não quero atrapalhar em nada...

— Não, não atrapalha. Tenho uma missa a celebrar num lugar chamado Castelhanos, que fica a alguns quilômetros daqui. É um lugar bonito e tem uma bela capela. Pra chegar lá, só com o nosso velho jipe... Se quiser ir junto...

— Claro que quero. Adoro conhecer o interior... Vou recordar os velhos tempos de coroinha lá em Constantina...

Nesses momentos, agia com tamanha naturalidade, sem afetação, que, se alguém afirmasse que era afeminado, eu negaria. Conseguia esquecer suas vãs tentativas e, na minha inexperiência, imaginava poder *curá-lo*...

O lugar ermo e belíssimo compensou os solavancos da esburacada estrada de chão. O povo acolheu-nos, feliz. Retornavam para casa com visível alegria, que só o misticismo parece capaz de gerar nas almas simples...

No meio do caminho, aproveitando-se de um solavanco maior, ele — o motorista — aproveitou-se para roçar minha perna e, pior, encarar-me com ar malicioso e insinuante. Cortei-lhe imediatamente o assanhamento:

— Fulano... você já sentiu atração por alguma mulher?

— Deus me livre! São criaturas do demônio...

— Acho que isso é o que puseram em nossas cabeças... Você diria isso de sua mãe?

— Convivi pouco com minha mãe. Morreu na guerra quando eu ainda era uma criança... Acho que lhe contei...

— Sim, contou. E a sua tia foi violentada por um grupo de soldados nazistas e morreu praticamente pra te salvar, não foi?

— Verdade... Pobrezinha. Rezo por ela todas as noites...

Ali estava eu, no mínimo dez anos mais novo que ele, agindo como eventual terapeuta sexual. Eu, que era ainda virgem! A educação recebida não me fizera deixar de gostar de mulheres, porém conseguira domar meus instintos a ponto de evitar qualquer intimidade maior, mesmo tendo uma namorada. Sexo, para ambos — ela e eu — estava reservado apenas para depois do casamento... Achava, contudo, que, no caso dele, um *tratamento de choque* talvez pudesse ser uma *solução*. No meu conceito, continuaria sendo um pecado, todavia menor, diante da hediondez do homossexualismo... Pelo menos era isso que nos haviam insinuado; era o tal *pecado nefando*, no passado, condenado com a morte na fogueira pela Igreja Católica...

— Nunca sentiu alguma atração maior por alguma prima, colega, vizinha? — perguntei-lhe.

— Não, jamais! Lembro-me de uma prima que, quando ainda seminarista, me abraçava muito forte e eu me sentia mal. Fugia dela como o diabo da cruz...

Abstraí-me por um instante.

Em Guaratuba, na saída para Garuva, havia duas *bocas* — como se dizia. Era ali que a rapaziada *afogava o ganso*. Convidaram-me muitas vezes, mas eu sempre recusara. Não sei o que de mim diziam, mas pareciam entender meus princípios, minha formação e a condição de professor, que exigia certo comedimento e respeito, fatores que me impediam de acompanhá-los. Claro que, às vezes, era acometido de desejo intenso, mas aprendera a resistir e não suportaria encarar os padres, meus amigos, após confessar ter me entregado a esses pecados... Mas agora seria por uma boa causa!

— Por que você, discretamente, não combina um encontro com alguma mulher jovem? De repente, pode descobrir que é tudo um *bloqueio*, um trauma... sei lá!

— Você já fez isso?
— Sinceramente, não. Mas sei que isso acontece. Dizem que na capital tem moças que vivem disso... É só procurar na Lista Telefônica... Nunca vão saber quem é você...
— Não, isso está fora de questão. Vou lhe confessar que já estou vivendo um grave problema por causa disso...
— Como assim? Poderia me contar?
— Você é a única pessoa — e a primeira — a quem vou relatar isso... Eu estou sofrendo... como se diz na vossa língua? *Chantagem*...
— Credo, mas então está vivendo situações mais sérias do que eu poderia imaginar!
— Olha, fui enviado para cá — esta cidadezinha pequena — para substituir o padre Ciclano... Você o conheceu, certo?
Meneei a cabeça, confirmando. Ele continuou:
— Em uma semana, já conhecia tudo e todos. Começou, então, uma solidão insuportável. Até bebi alguns litros de vinho de missa. Telefonava para alguns conhecidos de fora, outros padres da minha pátria espalhados por aí. Na verdade, eles confessavam que enfrentavam a mesma situação... Então resolvi tirar um dia só para mim, na semana. Escolhi a quinta-feira. Toda quinta, alegando estar fazendo um curso, dirigia-me a Curitiba. Ninguém da congregação sabia... Não fazia nada de mais: ia ao cinema, almoçava bem, pesquisava livros, via vitrines e, no final da tarde, retornava. Temporariamente ao menos, isso melhorou meu humor e a solidão tornou-se suportável...
Eu apenas ouvia a narrativa, quase uma resposta direta ao que sempre fora uma das minhas interrogações

quando estudante: "*Que vida, meus Deus, tem um padre nessas cidadezinhas do interior, em missões longínquas, lidando com gente bronca? Pra que estudar tanto? É latim, é grego, hebraico, aramaico e o escambau e nada, praticamente, do que aprendeu terá utilidade ali, no dia a dia... Pelo contrário: quanto mais estuda, mais se afasta do povo com quem convive... Refugia-se numa torre de sabedoria e conhecimento, cercado de ignorância...*".

Retomou a narrativa, interrompendo meu devaneio momentâneo.

— Certo dia, porém, aconteceu um fato novo... Sentei numa das poltronas de uma fila praticamente vazia no cinema. Pouco antes de iniciar-se a sessão, voltei a cabeça para trás e, a umas cinco fileiras de mim, cruzei o olhar com um indivíduo alto, forte, moreno, com ares de artista. Encarou-me. Voltei-me para a frente e, de repente, quando mal começava o filme, veio, sentou-se ao meu lado e puxou conversa:

— *O senhor vem muito aqui, não?*

— *Às vezes, quando imagino que o filme seja bom...*

— *É que eu já o vi outras vezes. Acho que este é o melhor cinema da cidade, tanto pelos filmes, quanto pelos frequentadores... O senhor não é brasileiro, certo?*

— *Não, não sou. Sou polonês, mas moro no Brasil já faz algum tempo...*

— *Nada como o cinema para nos fazer viajar no espaço e no tempo... Conheço pouco da Polônia, apesar da importância para o nosso estado, mas sou verdadeiramente apaixonado pela França e pela Itália...*

— Eu estava começando a ficar perturbado com a conversa. Não pelo filme — que nem sei mais qual era.

É que ele era tão insinuante, dono de uma voz agradável e, aparentemente, muito culto. De repente, foi direto:

— *Deixe-me adivinhar: você é padre, não é?*

— Sim, sou..., mas como descobriu? Está tão assim na cara?

— *Não, essa cruzinha aí na sua lapela... Agora, vou deixá-lo ver o filme, mas teria prazer em pagar-lhe um café no final da sessão. Vou estar lá na entrada. Dá-me a honra!*

— Tomamos um *capuccino*, enquanto lhe falava mais de mim: onde morava, há quanto tempo já estava no Brasil, minhas preferências cinematográficas e assim por diante. Era uma pessoa muito culta, interessante e discreta. Ao nos despedirmos, sugeriu:

— *Não pode perder o filme da semana que vem! Vai por mim: é magnífico! Eu não perderei por nada.*

— Despedimo-nos com um aperto de mão. Fui até o estacionamento, apanhei meu carro e retornei para casa. À noite, custei dormir. Lembrava cada palavra de nossa conversa, especialmente a figura agradável que era... Não lhe perguntei, mas parecia não ser casado, pois não vi aliança nos dedos... Decidi, então, ver o filme da semana seguinte.

Interrompi-o pela primeira vez desde que iniciara a narrativa:

— Até aí, tudo normal. Creio que muitas amizades se iniciam assim...

— Foi o que eu pensei também... Encontramo-nos no saguão, pouco antes do início da sessão do dia.

— *Bebe alguma coisa?* — perguntou-me.

— *Ah, sim, um refrigerante, por favor! Está quente hoje e deu sede...*

— Algum em especial?

— Um Seven-up! Adoro esse sabor de limão e não temos em minha terra...

— Dessa vez, sentamo-nos próximos. O filme foi uma decepção. Mais conversávamos do que víamos. Chegou ao ponto de incomodarmos as pessoas ao lado, e ele convidou-me:

— *Vamos sair? Vejo que você também não está gostando... Que decepção! Perdoa-me a indicação.... Um fiasco! Prometia muito mais.*

— Saímos sob os olhares irritados da plateia, que parecia estar apreciando a película. Na saída, afirmou, categórico:

— *Hoje, você é meu convidado. Vai tomar um café formidável e deliciar-se com os melhores doces de Curitiba... Só comparáveis com os das melhores confeitarias da Europa!*

— *Opa, que saudades de um bom pedaço de bolo! Tenho lá uma cozinheira, mas é muito limitada, além de mal-humorada quase o tempo todo...*

— De fato, tanto o bolo quanto o café estavam ótimos. Eu vibrava com a nova amizade. Estava realmente precisando conhecer alguém assim... Ele, então, disse-me:

— *Quero que conheça minha casa! São raras as pessoas que convido a irem até lá, mas você é alguém especial...*

— *Agradeço, mas não vou incomodar? Sua esposa, os filhos...*

— *Não se preocupe. Não existem. Fui casado, porém não tive filhos e decidimos — eu e ela — seguir cada qual seu caminho. É, ainda hoje, grande amiga minha...*

— *Mas já não está um pouco tarde? Costumo chegar em casa no máximo às 7 da noite...*

— Não se preocupe. Fica aqui perto. Moro numa pequena cobertura bem no centro...

— Então vamos lá! Mas será uma visita rápida...

— Tudo bem! Siga o líder!

— Acordei com a cabeça explodindo. Estava num sofá, com a cabeça apoiada no espaldar. O estômago estava embrulhado, a língua pesada e babava muito, a ponto de estar com o peito todo molhado.

— Perguntei-lhe:

— O que foi que aconteceu?

— Eu é que pergunto... Que susto, homem! Você sofre de alguma doença crônica? Epilepsia, talvez?

— Não, sempre tive uma saúde de ferro... Deve ter sido aquele doce que comi, então...

— Bem, pode até ser. Sabe como é comida: de repente nos prega peças. Mas está se sentindo melhor?

— Parece — como se diz? — "ressaca"... É como se tivesse tomado um litro de vodca...

— Pois é, creio que é melhor não viajar hoje. Dorme aí e amanhã cedo sai...

— Não é possível. As pessoas vão estranhar, vão comentar e precisarei dar muitas explicações...

— Desculpa, mas você é adulto, independente, pode e deve, se impor...

— Mas eu tenho superiores que podem ficar sabendo; e são muito rigorosos...

— Bom, eu não entendo disso, mas respeito sua decisão. Mil perdões por eventualmente haver causado esse incômodo.

— Está perdoado... Só me diga: como é que eu cheguei até aqui?

— Em suas próprias pernas, andando, conversando e daí: pum! Foi ao chão e eu o acomodei no sofá, sem saber o que fazer...

— Acompanhou-me até o estacionamento e eu parti. Mal cheguei em casa, enfiei-me na cama e dormi até a manhã seguinte. Sentia-me um pouco melhor.

— Tem certeza de que ele não lhe deu algo estranho para beber? Não foi drogado?

— Calma, tem mais... A história ainda não terminou... Senti-me completamente bem apenas no sábado. E tinha um dia cheio pela frente: casamento, missa em capela, confissões... Deviam ser onze horas quando o telefone tocou. Atendi. Era ele. Reconheci a voz:

— E daí, amigo? Como é que está? Melhorou bem?

— Estou bem, sim, obrigado! Mas como é que conseguiu meu telefone?

— Encontrei um papel com esse número caído na sala de casa hoje pela manhã, quando fui fazer uma faxina... Pelo código da cidade, conclui ser seu. Deve ter caído quando desmaiou...

— É, pode ser. Estou bem, de fato. Preciso consultar um médico... Na próxima quinta irei trocar o cinema por uma consulta.

— Bem, eu, se fosse você, não esperava tanto. Suspenda tudo aí e venha na segunda-feira. Isso pode ser sério. Aliás, tenho um amigo médico e posso até marcar já uma consulta pra você...

— Ah, que bom! Juro que nem sei aonde ir, nem por onde começar... Nunca pensei que algo tão grave pudesse acontecer comigo ainda jovem...

— É, amigo, doença não respeita idade! Vou marcar a consulta. Você poderia passar-me os dados todos, por favor? É o mínimo que posso fazer por você...

— Claro...

— Resumindo, passei-lhe até meu tipo sanguíneo...

— Pra um estranho? No quesito ingenuidade, você ganha até de mim... Suponho que caiu em si, suspendeu a tal consulta e nunca mais o viu...

— Que nada! Na segunda, bem cedo, peguei o carro e fui sozinho para Curitiba. Deixei o carro no estacionamento e dirigi-me ao seu apartamento. Atendeu-me à porta, vestindo, ainda, um roupão de banho:

— *Bom dia! Entra, por favor... Fique à vontade enquanto tomo uma ducha... A menos que queira me acompanhar...*

— Estranhei essa última observação, mas atribuí ao seu espírito brincalhão. Sobre a mesa, havia um aparelho de projeção de *slides*, uma pequena caixa com "dispositivos" e na parede uma tela de 50 por 70 cm, aproximadamente. Ao retornar, de roupão, mas com cabelos ainda molhados, perguntei-lhe:

— *A que horas é o médico?*

— *Que médico?...*

— *Como "que médico"? Você não ficou de marcar a consulta?*

— *Consulta pra quê? Você está bem... Aliás muito bem! Tive que lhe dar uma dose cavalar para derrubá-lo na quinta-feira passada.*

— *Meu Deus, então foi você? Bem que eu desconfiei...*

— *É, meu caro, agora você é meu escravo — escravo sexual...* — *O que vai acontecer daqui para a frente dependerá muito de você...*

— ... o chão sumiu debaixo dos meus pés. Parado diante de mim, sorria com escárnio. Começou a mexer nos aparelhos sobre a mesa e dirigiu-se a mim:

— *Você deve conhecer isso, não? Vocês, padres, e ainda estrangeiros, adoram estes brinquedinhos... Você vai gostar mais ainda do conteúdo.*

— Ligou-os lentamente como quem degusta um aperitivo. Lá estava eu seminu, com roupas íntimas femininas provocantes; depois, totalmente nu, em poses diversas. Evitava meus olhos e boca — o rosto em geral — mas o contorno, os cabelos me identificavam... Senti-me extremamente mal e quase desmaiei. Não conseguia acreditar em tamanha maldade! Parecia-me o demônio sapateando à minha frente. Por um instante, imaginei ser um pesadelo, mas não, sua voz clara confirmava que era real.

Eu permanecia calado, estarrecido. Seria mesmo verdadeiro o seu relato? Não seria tudo uma trama inventada para seduzir-me? Comover-me, talvez?

— *Como pode ver, está em minhas mãos. Conheço seus superiores. Andei até assistindo a uma missa ali naquela igrejinha... Se abrir o jogo com eles, sabe bem o que acontecerá: vão mandá-lo de volta, e difamado, para a sua terra natal; será o seu fim. Se me denunciar às autoridades, com essa ditadura que está aí, vai ser algemado e deportado sem dó. Ninguém vai ter peninha de você... Muito pelo contrário! Então já sabe: está em minhas mãos...*

— *Pelo amor de Deus, o que você quer de mim?*

— *Pouca coisa... Não quero seu dinheiro, que não deve ser muito... Você virá, como de hábito, toda quinta-feira, a Curitiba e passará o dia comigo, servindo-me, divertindo-me. Não excluo cinema, teatro, barezinhos... isso se desejar.*

— *Mas por que tudo isso? Estávamos indo tão bem e, muito provavelmente, teríamos chegado a isso, a uma relação mais íntima...*

— *Até pode ser... Mas não seria — ao menos para mim — a mesma coisa. Nem vou tentar explicar, porque, por sua formação, dificilmente entenderia...*

Diante dos meus olhos dilatados, concluiu seu relato.

— Fiquei literalmente paralisado diante dele. Apoiei-me nos braços da poltrona para não ir ao chão. Meu primeiro impulso foi sair porta afora, apanhar um táxi e desaparecer. O importante era sair dali. Do carro cuidaria depois, pois estava sem condições de dirigir...

Eu, apatetado, não sabia o que dizer e tive vontade, também, de desaparecer. Daria meia-volta, tomaria um ônibus para a capital, se ainda houvesse... Caso contrário, iria até a BR e apanharia o primeiro que parasse e apagaria para sempre esse episódio da minha existência.

Ele, sentado diante de mim, aguardava por qualquer reação.

— Mas acabou? — perguntei.

— Não.

— Posso fazer alguma coisa?

— Calar-se, apenas não me julgue. Não me recrimine, por favor! Ao menos por agora...

Abandoná-lo, porém, naquele momento, seria como o rico comerciante *samaritano* que passasse ao lado do homem ferido, maltratado, estendido à beira do caminho e olhasse para o outro lado em vez de ajudá-lo. Novamente, contudo, me perguntava: quem era eu para julgá-lo? Isso estava nas mãos de Deus. Minha vida não era a dele, nem a sua fora como a minha...

Se não tivesse receio, tê-lo-ia, talvez, abraçado, mas *gato escaldado tem medo de água fria*, reza o dito popular. Mantive-me, então, cabisbaixo e mudo.

Anoitecia quando nos levantamos do sofá da sala.

— Vou ver o que a empregada nos deixou para o jantar hoje. — disse meu anfitrião.

Bateram na porta. Consultou o relógio e foi atender. Demorou-se alguns minutos.

— Sabe quem era? — perguntou-me.

— Imagina! Não faço a mínima ideia... Não conheço ninguém aqui...

— Aquele moço que estava comigo lá na praia... Vem todo sábado jantar e dormir comigo. Hoje eu o dispensei, porque quem vai dormir comigo esta noite é você!

Dirigiu-me um sorriso meio constrangido, porém foi ficando sério diante do meu olhar firme e desestimulador.

Jantamos praticamente sem trocar mais palavras e nos recolhemos, pois ainda não havia televisão na casa e de conversas reveladoras já tinha sido um dia pleno.

Dirigi-me ao quarto a mim destinado e, por via das dúvidas, encostei a cabeceira da cama na porta e um criado-mudo entre os pés e a parede... nem um gigante conseguiria abrir a porta...

Levantei-me cedo, ainda cansado. Custara-me muito a conciliar o sono.

Havia decidido declinar de salvar aquela alma perturbada. Diante daquela última observação da noite anterior, pareceu-me que qualquer tentativa de ajudá-lo seria vã e sentia-me liberado de qualquer missão em relação a ele... Como se tivesse direito e capacidade para tão hercúlea tarefa.

Tomamos o café da manhã praticamente em silêncio.
— Conseguiu dormir? — perguntou-me.
— Mal, muito mal... — respondi.
— Eu também...Bom, tenho duas missas a celebrar hoje pela manhã... Agora, posso lhe fazer uma pergunta muito pessoal?
— Claro, prometo responder com a maior sinceridade...
— O que eu lhe revelei ontem muda nossa relação?
— Infelizmente, acho que sim... Não tenho o direito de julgar seu comportamento, suas atitudes, enfim, mas algo me perturba profundamente: como é que você, ali, na hora da consagração, consegue segurar a hóstia e falar aquelas palavras tão significativas? Fomos educados a considerar o momento mais sagrado de toda a nossa religião e somente mãos puras seriam dignas de celebrar a transubstanciação...

Olhou-me, arrasado. Tão transtornado que eu — se pudesse voltar atrás — teria apagado a pergunta...
— Você jamais poderia imaginar a dor que isso me causa... Vou pedir-lhe um favor: não assista mais às minhas missas...
— Fica tranquilo, estou de saída. Possivelmente jamais nos veremos novamente. Obrigado pela hospedagem e fica com Deus! Se ainda crer, acerte-se com Ele... Mas não lhe quero mal... Nem tenho esse direito. E — quem sabe? — isso, um dia, não mude?

Cabisbaixo, conduziu-me até a porta. No alto da torre soavam as primeiras badaladas, conclamando seus paroquianos para a missa dominical.

Tomei o ônibus para Curitiba e, de lá, para Guaratuba.

Mal cheguei, pus trajes de banho e fui caminhar pela praia. Passei praticamente o dia todo no mar. Em vez dos habituais exercícios de *pegar jacaré*, furar ondas, permaneci a maior parte do tempo imerso até o pescoço e apanhava-me a espalhar água pelo corpo e pelos cabelos, exercícios mais adequados a chuveiros…

Nunca mais nos vimos… Lavei minhas mãos. Falhara em minha missão de salvá-lo, como pensava à época. A vida, contudo, ensinar-me-ia que os conceitos evoluem e os preconceitos caem…

CAPÍTULO II
Uma escola para toda a vida

Ainda bastante abalado, remoendo o episódio, jurava a mim mesmo que nunca mais visitaria o tal padre. Havia sido ingênuo ao imaginar que poderia ajudá-lo de alguma forma. Logo eu, um ignorante, desinformado, leigo em sexualidade e com a cabeça limitada por restrições de toda natureza. Implorei, então, a Deus que eu, de fato, nunca mais o visse, e que fosse tolerante e misericordioso com ele.

O retorno da agora namorada de sua viagem forçou-me a encarar o pai. Não sabia bem como agir. Na minha única experiência anterior, não havia a figura paterna, e a mãe, sempre sorridente, tratava-me com simpatia e raramente nos encontrávamos. Agora, havia uma família envolvida, e eu, segundo os hábitos da época, devia obter a aquiescência dos pais e, especialmente, pedir permissão ao genitor para mudar de *status*: de professor para o de namorado...

Aproveitei um momento em que estávamos a sós e abri o jogo:

— Senhor..., não sei se a sua filha lhe disse, mas estamos gostando um do outro...

— Ah, que bom!

Imaginei que havia entendido, mas, por via das dúvidas, reforcei:

— Eu gostaria de pedir permissão ao senhor para namorá-la...

— Bom, eu acho que isso é lá com ela...

— Bem, com ela eu já me entendi... Mas ela disse que eu preciso da sua permissão...

— Bom, por mim, tudo bem. Só que dentro do respeito... Disso eu não abro mão...

— Quanto a isso, o senhor pode ficar sossegado...

Se a temperatura do final de fevereiro ainda era alta, dentro de mim estava mais elevada ainda!

Quando, porém, me convidou para tomarmos uma cerveja, entendi que o pedido fora aceito e o calor amenizou.

No hotel, novamente vazio, passamos, o colega professor e eu, a ocupar dois quartos do andar superior. Aproximava-se o ano letivo da faculdade e enfrentávamos um novo problema: o dono do automóvel que compartilhávamos havia-se formado e não havia horário de ônibus compatível com nossa necessidade de locomoção.

A solução foi comprar um carro... Tal decisão, contudo, em 1971, implicava muito mais do que um jovem de vinte anos, hoje, possa imaginar! Se, por um lado, o combustível era barato, por outro, um automóvel custava uma pequena fortuna — mesmo um usado. Não havia outro jeito, porém. Não creiam, também, nos saudosistas que alardeiam as virtudes das máquinas da época: não estavam adequadas à febre corrosiva do litoral, cuja ação consumia a carroceria e componentes expostos em meses... Além de ganhar pouco, receber atrasado, conseguira um parasita do meu salário — um fusquinha... Mas era admirado por onde passava! E, envaidecido, desfilava...

— Você tem carteira? — perguntou o colega, mal me viu chegar.

— Tenho, e categoria C...

— Pensei que nem soubesse dirigir...

— Sabe o seu João? Me ensinou. Passei meio ano treinando no fusca dele.

— E o exame, onde fez?

— Não fiz... — respondi meio sem jeito.

— Mas e daí, não é ilegal? Olha que pode dar problema...

— Pois é, foi o que lhe perguntei, mas garantiu que não. Foi lá na cidade dele, onde foi delegado. E garantiu que foi tudo legal... Nem perguntei detalhes, com medo de ofender...

O fato ia contra os meus princípios, contudo capitulei. Claro que redobrei os cuidados e mantive sigilo.

— Caia no mundo real, professor! Aqui, as coisas não são como lá no seu seminário... — disse-me o futuro sogro.

Ao menos a continuidade do curso universitário estaria garantida. Na faculdade, a mesma rotina de sempre. Aulas sensaboronas, com alunos desinteressados e professores ansiosos por verem o final do turno e abandonarem aquele solo pedregoso e árido para curtirem as cálidas areias das praias, de preferência bem distantes. Havia, é claro, uma pequena elite bastante esclarecida na cidade de Paranaguá — berço da colonização paranaense — com longa tradição cultural nas famílias, que, certamente, também sofria o desencanto de uma formação superior medíocre para seus filhos. Poder-se-ia afirmar que o conjunto de fatores ali reunidos acabava por eximir todos de culpa maior, tanto mestres quanto discípulos. Era o que se tinha...

Meu grande prazer vinha do trabalho, do exercício diário do magistério, que exercia com entusiasmo. Coincidentemente, éramos doze nesse novo ano letivo a começar e apenas um não era oriundo de escola voltada para a formação religiosa, o professor de educação física. Os outros todos, em diferentes graus e tempo de permanência, haviam frequentado seminários e cultivavam hábitos de estudo regulares, disciplina rigorosa, amor pela cultura geral, além de querer transformar cada menino ou menina em um cidadão íntegro, completo, capaz, correto, independente e, acima de tudo, feliz. Dona Maria José ganhara uma colega e já não era a única mulher no grupo.

Planejávamos o ano letivo para ir muito além daquilo que nos era determinado. E o fazíamos com amor e alegria. Não importava que os salários estivessem atrasados, os ordenados mal dessem para as necessidades básicas: o importante era reconhecer cada rosto da cidade e ser olhado com alegria e bem-querer em cada par de olhinhos vivos aonde quer que fôssemos. Sentíamo-nos envaidecidos ao sermos apresentados aos pais no mercado, na praça, nas lojas, onde quer que nos encontrassem, enfim.

Os pais, mesmo, às vezes decepcionados por reprovações dos filhos, entendiam a função da escola, valorizavam a seriedade do ensino e o zelo dos mestres. Temporariamente, alunos demonstravam tristeza, decepção, mas acabavam entendendo ser tudo parte de um processo que não se corrompia, pois a escola tudo fizera para dar-lhes a possibilidade de, querendo, ultrapassar as dificuldades pessoais e serem bem-sucedidos.

Certas mágoas surgiam, raras vezes, mais da parte dos pais do que das crianças e dos jovens. Não resistiam ao tempo, contudo, pois viam os filhos, em geral, destacando-se ao deixarem a terra natal sendo aprovados em concursos difíceis, obtendo bons empregos ou ingressando em renomadas universidades.

Houve épocas em que a escola sofreu um sério problema... de superlotação... Relembrando, o fato, hoje, soa como anedota, mas era verdade. Alguns fatores naturais por certo contribuíam para o fenômeno, porém o apreço pela escola é que dominava.

Fora de temporada, a cidade tornava-se praticamente deserta. Os habitantes locais, permanentes, viviam em núcleos isolados, formando pequenas aglomerações: praça e arredores, comerciantes e famílias antigas; Piçarras e seus pescadores; Praia Central e outros tantos pescadores; a distante Barra do Saí, um local destinado, então, para piqueniques...

Alguns esparsos agricultores refugiavam-se no Cubatão, no Rasgadinho, e chegavam ao Mercado Municipal em geral em toscas e demoradas canoas a remo, com alguns cachos de bananas, feixes de palmitos e frutas de estação.

As crianças não tinham — como entre os imigrantes europeus — atividades agrícolas ou pastoris, ajudando os pais. Ficavam literalmente à toa, faltando-lhes atividades, e a extensa área da escola tornava-se uma tentação.

No pátio, próximos dos colegas, irmãos do contraturno podiam desfrutar de companhia, participar de brincadeiras e, talvez, praticar algum esporte coletivo. Tornou-se, então, comum nós — os professores — vê-los perambulando pelo prédio e arredores, possivelmente até ansiosos por serem convidados a entrar e assistir a alguma aula extra de sua preferência... Que sonho poderia ser maior para um mestre do que ver esse amor pela escola e pelos estudos?

Decidimos, pois, organizar atividades para entretê-los saudavelmente enquanto ali estivessem. Promoveram-se campeonatos esportivos entre as séries e os turnos com a participação dos docentes. Gincanas culturais variadas eram disputadas com dedicação canina...

Tudo isso, além de extrapolar a rotina das aulas formais, animava-os para suportar a rotina escolar, que parecia — para eles — ser o ponto alto do dia. Sentíamo-nos amados, pessoas importantes em suas vidas.

Ao final de cada bimestre, na última semana, em ambos os turnos, as aulas regulares tinham seu tempo reduzido à metade. Após o recreio, dirigiam-se todos à área externa do edifício e ali assistiam a espetáculos diversos ou deles participavam.

Convidavam-se, por exemplo, integrantes da Orquestra Sinfônica do Paraná, que lá iam, espontaneamente e às próprias expensas, discorrer sobre música clássica, portando instrumentos musicais desconhecidos da maioria dos habitantes locais e concluíam com um espetáculo inusitado, abrindo as mentes e, quiçá, despertando vocações...

Os professores ensaiavam seu número próprio, com canções do folclore nacional ou "esquetes" teatrais, aproximando-se e interagindo com aqueles que, no dia seguinte, iriam recebê-los certamente com carinho e admiração maiores...

Aos poucos, a ideia estendeu-se à comunidade. Nas noites — não frias, porém longas e monótonas — da cidade praiana deserta, o Clube dos Trinta e Três abriu as portas para os pais, que viam os filhos apresentarem-se em "concursos de canto", por exemplo.

Como não amar uma escola dessas?

Progressivamente, eu ia ampliando, também, o círculo de amizades. Se, de um lado, havia diminuído a convivência com os jovens pelo fato de haver iniciado o namoro, por outro crescia o número de pessoas um pouco mais velhas, casais, pais de alunos com quem estreitava laços de amizade.

Na Praia Central, quase em frente ao hotel, ficava o Le Bistrô, do sr. Charles, um discreto, simpático e "misterioso" francês. Muitas vezes me perguntava: quem seria ele? O que o teria feito abandonar a terra natal para refugiar-se ali, tocando um pequeno quiosque? Mesmo sendo por ele sempre bem tratado, jamais ousei pedir-lhe maiores detalhes. Circulava o boato de que havia sido padre — e jesuíta. Teria abandonado tudo e vivia discretamente ali... De certa forma, ia também aprendendo a ser discreto. Todos têm seus segredos, que até podem ser compartilhados, desde que por um impulso próprio.

Retornando altas horas da faculdade, às vezes parava junto à praça central, onde comia algum petisco antes de dormir. Ali, a vantagem era que, conhecido já dos proprietários, podia "pendurar" para quando nos fossem pagos os salários. Foi assim que conheci, já em típica logorreia etílica, uma dupla de outros "foragidos", Juanito e Eugênio. Posso dizer que tinha "faro" para estrangeiros e eles, de alguma forma, percebiam-me e, assim, iniciavam-se novas relações.

— Espanhol, não! — corrigia Juanito. Sou basco... de San Sebastián, província ao norte da Espanha, divisa com a França... Aliás, até com parte na França...

O distanciamento do arqui-inimigo Franco e o álcool da caipirinha tornavam-no corajoso e falante, capaz de derrubar um touro pelos chifres, apesar da reduzida estatura...

— Não posso nem voltar à minha terra natal, que serei preso... Ah, tenho dois filhos que são seus alunos... O senhor é o professor de inglês, certo? Gostam muito do senhor...

— Pode me tratar por "você", sr. João, ou seria Juan?

— Obrigado! É uma questão de hábito... e o... você pode me chamar de *Juanito*. É assim que me conhecem por aqui.

— O senhor é casado com a dona Maria, vizinha do sr. João e da dona Júlia, certo?

— Isso mesmo...

— Trabalha com plantas para casas... É, por acaso, engenheiro graduado?

— Não, apenas desenho. Aprendi com meu pai, esse, sim, um grande arquiteto. Projetou cidades inteiras no norte da África... Mas veio a guerra civil, separou a família e eu acabei fugindo para não morrer...

Voltou-se para o proprietário:

— Mug! Senhor Mug! *Janguito*! Outra cerveja e mais um copo! O senhor bebe, professor?

— Claro, hoje posso. Amanhã cedo não tenho aulas... Fiquei curioso: como é que veio parar aqui, em Guaratuba?

— Não sei bem se foi fugindo ou obra do destino. Quando saí da Espanha, fui até a Venezuela, Caracas.

Era bastante conhecida na Europa, terra de boas oportunidades, falava-se espanhol e não teria problemas com a língua... Mas lá também só tinha revolução. Mal acabava uma, começava outra... Daí vim descendo em direção ao Brasil e acabei em Curitiba. Mas queria um lugar pequeno para criar a família... E aqui estou!

Voltei-me, então, para o senhor que o acompanhava e apenas ouvia.

— E o senhor? Também tem pinta de estrangeiro... Polonês? Alemão?

— Muito prazer! Eugênio, sou nascido na Polônia... Todos me conhecem como "Eugênio Bomba", porque conserto bombas e aparelhos elétricos.

Aparentando entre cinquenta e sessenta anos, já o vira circulando por ali.

— O senhor já esteve na Inglaterra, professor? — perguntou-me

— Não, senhor. O que aprendi foi na escola. Quem sabe um dia...

— Passei lá uns três anos. Foi durante a guerra. Perdi a família toda com a invasão dos alemães na Polônia e fugi da minha vila. Tinha uns 15 anos. Somente eu sobrevivi... e um dia fui pego por uma patrulha inglesa e me levaram para trabalhar com eles. Foi assim que aprendi o que sei... Virei mecânico de aviões.

— Voltou alguma vez pra sua terra natal?

— Nunca mais; não tinha sobrado ninguém mais próximo mesmo... Pai, mãe, irmãos, todos se foram, soube depois... Fiquei sozinho e toquei em frente... Contaram-me que no Brasil tinha muitos patrícios e decidi vir... Morei, também, muitos anos na capital, trabalhando como mecânico...

— Tem família aqui? Mulher, filhos...?
— Não, vivo sozinho. O que eu tenho de mais próximo de uma família é este amigo, o Juanito...
— Esse aí é um grande pescador! Adora pescar...
— Ah, isso é verdade! E isso contribuiu muito para mudar-me para cá...

Ampliava-se, assim, o círculo de amizades e começava a resgatar a noção de família, que conhecera tão bem na infância, mas que fora perdida ou esmaecida na convivência limitada e regrada do seminário... Lá, éramos convencidos de que havíamos sido escolhidos para sermos "soldados de Cristo". Não devíamos ter ligações afetivas com ninguém fora do universo religioso... Frases bíblicas serviam para reforçar a ideia, como: *Quem pega no arado não olha para trás...*

Crescia, também, a amizade com o colega José. A afinidade musical comum contribuiu muito para isso, além da retidão de caráter do novo amigo. Seu retorno da experiência frustrada nos EUA anuviou por meses minhas expectativas, contudo fora generoso em — mesmo tendo direito de assumir todas as aulas — dividi-las comigo para que ambos pudéssemos continuar e pagar nossos estudos.

Eu dispunha de conhecimento técnico musical, contudo limitado à teoria, a canções folclóricas germânicas e ao que se destacava no cenário nacional da Jovem Guarda. Ele trouxera o que havia de mais atualizado em música popular nos Estados Unidos, sendo grande parte de sua bagagem de volta composta de LPs dos grandes mitos norte-americanos, os quais passei a ouvir com paixão...

Em momentos de lazer, surgiam as narrativas das experiências vividas e eu, curioso, estimulava-o, ávido de informações. Nosso Brasil, aprisionado nas limitações da ditadura, dificultava o acesso a maiores informações. Vivíamos, assim, isolados e ansiosos por novidades. Alguns privilegiados investiam uma pequena fortuna para terem acesso à BBC ou às transmissões da Voz da América e podiam, assim, conhecer os sucessos universais, bandas, cantores, além da cultura e da situação sociopolítica mundial.

Durante as "sessões musicais" com os novos amigos, ia descobrindo segredos e curiosidades, especialmente por estarem estimulados por caipirinhas, uísque e cerveja.

— Zé, ouvi histórias a respeito de vocês, que haviam partido pouco antes de eu ser contratado a vir para cá... Todo mundo falava de você e do Bruno.

— Que histórias?

— Diziam, por exemplo, que vocês dois foram embora motivados por desilusões ou decepções amorosas, verdade isso?

— Bem, eu posso falar por mim. Tive um problema, sim, e isso até pode ter contribuído, ou foi o empurrão que faltava...

— É certo que você namorou uma garota de origem japonesa, e a família, muito tradicional, não aprovou, foi isso mesmo?

— Por aí... Quando nos conhecemos um pouco mais — havia sido minha aluna — ela me alertou sobre a tradição familiar, que exigia casamento com alguém de origem japonesa, mas eu não acreditei que a coisa pudesse ser tão séria assim.

— Então, eu conheci um pouco de preconceito em relação a outras origens, porém jamais pensei que pudesse ser tão forte... Ainda mais hoje em dia, ou tão recentemente, e daí? — estimulei-o a prosseguir.

— A barra foi ficando tão pesada que decidi me afastar; mais por ela que por mim. Juro que sou bem *fodido*! Não ia mijar pra trás nem abaixo de pau, mas ela ia ter uma vida do cão. As ameaças eram fortes e muitas...

— Cara, não dá nem pra acreditar! Em pleno século XX... Do Bruno, ouvi também comentários e conheci a mulher com quem se envolveu...

— Ah, é?

— Era filha do homem conhecido como *Português*, que morava numa bela casa ali na avenida, não é?

— Isso mesmo! Acho que foi a primeira grande paixão do *alemão*... Vai me dizer que você também....

— Não... nada tive com ela, além de uma boa conversa. Já a conhecia por causa da relação com o Bruno e, sabe, nesta cidade, acabou a temporada, todos os "nativos" se conhecem e se relacionam. Daí, certa noite, com um parque de diversões ainda na cidade, sentamos próximos e conversamos. Não passou disso. Muito simpática, por sinal... Devem ter se mudado, inclusive, pois nunca mais os vi.

— De fato, mas a Dona Nair — muito religiosa — não quis saber dela nem pintada de ouro. Era divorciada, e isso bastava na época.

— Pois é, como pode? Sabe-se lá por que razões se divorciou... Pobres mulheres! Ainda vão ter muito que conquistar...

— Também penso assim... Mas somos poucos. Tem um bando de babacas aí que, se elas não forem virgens, pra começar, nem casam. Imagina separada, divorciada então... E essa tua igreja aí também tem culpa disso...

— Creio que sim, mas parece que começam a mudar... Mas e o outro rapaz que foi com vocês?

— Mal o conhecíamos... Entre uma caipirinha e outra, hospedado no hotel, ouviu nosso papo e entrou no meio. Acabamos por conhecê-lo um pouco mais e o aceitamos em nossa companhia.

— Mas parece que foram primeiramente para o Canadá...

— Sim, é que os brasileiros estavam muito *manjados* nos Estados Unidos. Tinham prendido e deportado vários, segundo se ouvia falar. Todo mundo escrevia para os parentes: "Não venham; ao menos agora!". Daí, decidimos mudar a rota... Além disso, o parceiro curitibano tinha um amigo em Toronto, o que poderia ser útil...

— E deu tudo certo?

— Em termos... O amigo também não estava bem no emprego e logo partiu para os *States*. Conseguimos emprego na construção civil com a colônia portuguesa e acolhida temporária em suas casas. Depois de uns três meses, resolvemos mudar ilegalmente para os Estados Unidos.

— E como é que se fazia isso?

— Pagamos para um cara que nos deu as dicas. Havia um trem de carga que transportava automóveis fabricados no Canadá e eram levados para os EUA. Tinha uns lugares em que era obrigado a diminuir a velocidade — e muito —, daí era possível pular nos vagões, esconder-se e saltar deles já dentro dos Estados Unidos, em Niagara Falls. Levamos somente o mínimo de pertences amarrados no corpo. Cada um pulou num vagão. Tentamos em vão nos juntar. A tensão estava a mil. Sentia a base do carro sob o qual estava bater em minhas costas a cada solavanco. Aproximávamo-nos da cidade quando o trem parou e vimos lanternas que vinham em nossa direção, verificando a carga. Instintivamente, saltamos todos. Rolamos até o fundo de um quintal, e observávamos o trem lá no alto, sobre a elevação da estrada de ferro. Um cachorro latiu e partimos em disparada. Teria alguém nos visto e delatado? Foi a pergunta nunca respondida...

Devia ser umas três horas da manhã. Atingimos a rua em um bairro possivelmente afastado do centro. De repente, logo à frente, vimos um carro de polícia, parado e com faróis acesos:

— *Tamo ferrados*! — falou o Araújo.

— *Disfarça*! — eu disse. — *Se ele falar com a gente, deixem comigo.*

Entretido em *detonar* um sanduíche, o policial não se preocupou conosco, que seguimos reto. Pouco adiante, surgiu um *yellow cab* — um daqueles táxis amarelos. Pedi aos dois colegas que não abrissem a boca e deixassem tudo comigo. Somente eu falava razoavelmente bem inglês. Ao meu sinal, o automóvel parou. Empurrei os parceiros para o banco traseiro e sentei-me na frente com o motorista. Comunicava-se com a central, que fiscalizava sua rota. Expliquei-lhe que éramos estudantes, voltando de uma "festinha" e que os amigos estavam "grogues"...

Não me deu muita atenção, mas também não pareceu importar-se com quem éramos. Pedi-lhe que tocasse até as proximidades da Central Station. Pelo enorme monumento de um bisão na frente, percebi que estávamos de fato em Buffalo, cerca de 30 quilômetros de onde havíamos saltado. Entramos na estação ferroviária separados, como se não nos conhecêssemos e procuramos, um a um, o banheiro, conforme havíamos combinado.

— Nossa, que situação! Não toparam com nenhum policial?

— Vimos um ao longe e, dentro do banheiro, um sujeito que nos pareceu um investigador ou olheiro — sei lá! — pelo jeito que nos mediu de cima a baixo...

— Imagino a situação, e daí?

— Recomendei aos dois que ficassem por ali, o maior tempo possível, escondidos nos banheiros, enquanto me dirigi ao balcão e comprei três passagens para Chicago.

Embarcamos no trem e partimos. Ali dentro, estávamos, com certeza, mais protegidos. Sobrou uma merreca com que comprei três *buds* e comemoramos, discretamente, porém. Diante da estação, esperava-nos o amigo do Araújo, chamado Narciso, em cuja casa ficaríamos até encontrar lugar próprio. O carrão que dirigia anunciava-nos um futuro promissor, porém logo descobrimos que era apenas para entregar ao verdadeiro proprietário; trabalhava como entregador de veículos...

— E daí?... Mais um copo?... Não é uma Budweiser, mas...

A conversa foi longe. Seus relatos açulavam minha imaginação, e a vontade era sumir dali e aventurar-me pelo mundo. Tinha de ser agora! Porque depois, sabe: mulher, filhos, compromissos... Mas e a pobre da mãe? Estava longe dela, porém podia visitá-la... Se fosse embora, seria um rompimento quase definitivo... Não tinha sido preparado para tamanha ingratidão. Entregar-me para Deus ela aceitara, mas para um mundo de aventuras, perigoso, desconhecido, sem endereço certo? Sem dúvidas, isso abreviaria seus dias. Já o pai... bem, éramos homens, precisávamos ir para onde fosse melhor, mais conveniente para o nosso sucesso... Ele também fizera isso.

— Mas e por que voltaram? — indaguei.

— Nossa situação começou a ficar complicada... Não conseguíamos um trabalho decente e que permitisse economizar alguns dólares. Além do mais, tínhamos que ser discretos, escondendo-nos o tempo todo, fazendo amizades apenas com pessoas nas mesmas condições que nós.

— Em que trabalharam?

— Primeiro, catamos minhocas para serem vendidas pra pescadores. Saíamos à noite ou de madrugada. O contratante nos levava, largava cada um com uma lanterna e duas latas — uma com serragem, para limpar os dedos, e outra para enfiar os bichos — e saíamos caçando...

— E viviam só disso?

— Era o que tinha... Depois, fomos trabalhar no aeroporto. Fazíamos a faxina. Melhorou um pouco. Além do pagamento, achávamos muitas moedas perdidas em frestas dos sofás, objetos esquecidos... Eu tentei estudar, melhorar meu inglês, mas acabei indo parar em lugares onde havia chineses e latinos que nada sabiam da língua e só tomei na *tarraqueta*. Desisti...

— E a decisão de retornar ao Brasil?

— Foi logo depois que o Bruno foi chamado para um depoimento ao ser acusado de roubo por uma doida das vizinhanças...

— Cacete, até isso?! Como é que foi?

— O *Alemão* voltava pra casa de madrugada e, do nada, surgiu uma viatura. Parou e pediu-lhe os documentos. Ele não carregava nenhum... Era uma estratégia nossa. Se nos apanhassem, diríamos que éramos de outra nacionalidade, sempre europeia... Pelo nosso visual, dava pra enganar... Se descobrissem que éramos brasileiros, ou latinos, os riscos de deportação seriam muito maiores, além de imediata. A outra opção seria cadeia...

Ouviu, então, a pergunta fatídica:

— *Where are you from, sir?*
— *Italy... I'm Italian...*
— *Your passport, please!*
— *What? Scusi, signore...*
— *Passport! You have a passport, don't you?*
— *Scusate. Não compreendo... Non capisco...*

— Tínhamos treinado um pouco mais o inglês, mas o amigo não era dos mais devotados. Convivia praticamente só com imigrantes hispânicos e pouco falava, tanto de inglês quanto italiano. E se falasse espanhol estaria fodido! Acabou sendo conduzido para uma delegacia das cercanias. Ali foi colocado diante de uma mulher que berrava, afirmando que ele a havia assaltado ou algo assim... Nem os guardas acreditaram. Um até lhe deu uma moeda para ele ligar para alguém, que estaria em seu direito. Liberaram-no, após a intervenção de um amigo que estava legalizado por lá e o pagamento da fiança, mas marcaram uma data para retornar e apresentar seu *passaporte italiano...*

— Que ele não tinha!

— Isso mesmo. A gente não andava com o documento porque lá estava escrito que havíamos pedido imigração no Canadá... Daí não precisava ser um guarda muito inteligente para concluir quem éramos e o que queríamos...

— Mas e para voltar? Não iam precisar?

— Por certo que sim. Mas deixe-me te contar... Começou uma onda de azar que não pode imaginar. No aeroporto, parecia que todo mundo estava de olho em nós, apesar de parecermos com a maioria dos americanos. Certa manhã, as paredes do prédio onde morávamos apareceram pichadas com a frase: *Brazilians, go home!* Foi a gota-d'água... Fizemos uma reunião e decidimos voltar.

— Cara, mas por vias regulares? Vocês — oficialmente — nem haviam entrado!

— Exatamente, corríamos o risco de ir diretamente para a cadeia, voltar algemados e jamais poder entrar nos *States* novamente...

— Mas e daí, como fizeram?

— Eu comprei as passagens e, para isso, à American Airlines só interessavam os dólares...

— E o embarque? Aí vocês não escapavam...

— Tínhamos um amigo norte-americano, Garry, casado com uma brasileira, e o "contratamos" para fazer nosso *check-in*... A coisa ia ficando cada vez mais complicada. Não queriam nos liberar. No fim, ouvimos alguns xingamentos — que fingimos não entender — e o desabafo do funcionário: "*Fucked Brazilians go home to your fucked country!*". Embora tendo entendido e o sangue subir à cabeça, sorrimos, agradecemos e embarcamos... Mal nos acomodamos, pedimos um *double scotch* cada um e bebemos até o talo!

— Rapaz, que situação! E pensa em voltar pra lá de novo?

— Sei lá, acho que não... Pelo menos não nessas condições...

— Mas sabe o que de melhor você trouxe de lá, na minha opinião?

— O quê? Nem te conhecia, senão até teria trazido alguma coisa...

— Esses LPs... Esse tal de Engelbert Humperdinck, então!...

— Que bom! Se quiser gravar, é só arrumar as fitas cassetes e eu gravo pra você...

— Imagina se não!

E assim, por meio da música, das afinidades, do passado bastante parecido, da boa índole e da empatia, fomos selando uma amizade que se estenderia por toda a vida.

Recomeçamos o ano letivo, tanto como professores quanto como alunos da faculdade.

Na partilha das aulas, às vezes não surgiam candidatos a certas disciplinas, e o diretor buscava alguém disposto — bem como premido pela necessidade — a aceitar o encargo de ministrá-las. Nesse ano, a matéria conhecida simplesmente como Ciências ficou órfã. Chamou-me, então:

— Professor, com todo o respeito, o senhor há de convir comigo que o colega Gobor — mesmo que se tenha temporariamente ausentado — está posicionado acima do senhor para assumir as aulas de Inglês...

— Claro, entendo... Nós até já conversamos a respeito e fizemos uma espécie de acordo...

— Ah, que bom! Isso facilita as coisas. Nada como uma boa conversa. E posso saber qual é a combinação?

— Sim, a gente decidiu dividir as turmas de Inglês... Vamos sobreviver...

— Olha, temos aulas de Ciências sobrando. Você não toparia ministrar essas aulas? Ele ficaria, daí, com todo o Inglês...

— Mas não poderia ficar com pelo menos uma ou duas turmas de Inglês ou Português, que é a minha área?

— Vou ver se é possível... Vamos estudar um jeito de atender a todos...

Na verdade, eu adorava Ciências. Não fora à toa minha inclinação pela Agronomia, antes de Letras. No seminário, com uma área enorme de mata nativa, identificava todas as plantas pelos respectivos nomes, pesquisava e observava as folhas com suas formas e suas colorações diversas. E Biologia, então? Ninguém conhecia tanto sobre animais como eu! E ali eram todos diferentes... E as "experiências"? Adorava ver as diversas reações químicas... Até para ver o padre Hans Lamprecht pegando fogo! Concluí que podia até ser divertido.

— Olha, professor Alcindo! Posso-lhe dizer que aceito e vou fazer um bom trabalho. Só me dê pelo menos as duas turmas de Inglês...

— Que bom, vou fazer de tudo pra atender seu pedido.

E assim iniciamos o novo ano letivo. Éramos apenas dois para dividir o combustível do automóvel, porém não havia alternativa. "Empatando" no final do ano e tendo avançado mais um degrau na faculdade já estaria de bom tamanho.

Poucos estranharam as mudanças. As notícias corriam mais céleres do que podíamos imaginar. Não houve nenhum duelo, e nosso exemplo de harmonia e boa convivência pode ter servido de exemplo ou frustração...

Preparei-me da melhor forma que pude para a *nova frente*. Reuni quantos livros foram possíveis em nossa limitada bibliotecas, adquiri os adotados pela escola e atirei-me a estudar. Por sorte, nessa época, livros escolares ainda resistiam à sanha das editoras de — a título de "renovação" — trocá-los todos os anos. Buscava causar um impacto positivo, que não deixasse qualquer dúvida da minha competência e conhecimento...

Sabia, também, que a motivação era a maior e melhor ferramenta. Organizei o material, solicitei os livros na capital e, para os que não podiam adquiri-los, preparava um resumo reproduzido no mimeógrafo a álcool. Vencida uma etapa — tipos de folhas, por exemplo — solicitava ao diretor para escalar os morros pouco explorados das cercanias e determinava a caça e a coleta de variedades diversas e exóticas. Dividia-os em grupos e punha-os a "classificá-las", segundo o manual. Deliravam! Aprendiam por associação, e, naturalmente, as atividades resultavam em notas bimestrais elevadas.

Ocorriam, também, situações divertidas. Percebia que os meninos eram mais lerdos que as garotas, por exemplo, ao galgarem o terreno. Elas atiravam-se, sôfregas, às tarefas, enquanto eles iam ficando para trás nas pesquisas de campo. Sua lentidão poderia até ser vista como detalhismo, cuidado, dedicação ou, até, incapacidade, burrice... Sua lerdeza não era nada disso, porém... À frente, em terreno inclinado, as garotas ficavam acima, enquanto eles, abaixo e agachados, tinham a sua *visão do paraíso*... Após uma bem fingida carraspana, obriguei-os a acompanhar as senhoritas lado a lado e agirem como *cavalheiros*, agora em equipes mistas...

Quando ingressamos no "Reino Animal", diversificamos as estratégias. A cada família ou espécie estudada, incumbia-os de ir à busca de possíveis exemplares. Na Guaratuba pacata de 1971, não era difícil encontrar bastantes variedades de espécimes, observá-las, descrevê-las e, se interessantes ou raras, apresentá-las aos colegas e sobre elas discorrer...

Os experimentos empregando as noções rudimentares da Física e da Química também os fascinavam. Talvez porque, diferentemente das décadas posteriores — 1980 em diante —, tinham, então, acesso apenas a brincadeiras como traques, bombinhas, raros balões — ainda não proibidos. Quaisquer "experiências" sugeridas e realizadas em fundos de quintal, previamente detalhadas nos manuais e explicadas pelo professor, causavam alvoroço em casa e inquirições ao abusado mestre quando por ele pais ou mães cruzavam na rua, mas aprovavam os métodos.

O fato gratificante era que em cada olhar cintilava um brilho intenso quando se falava do Ginásio 29 de Abril. Já no segundo ano na cidade, sentia-me cada vez mais integrado à vida local e certo de que escolhera a profissão certa.

CAPÍTULO 12
Idas, vindas e reencontros

Mal chegavam as férias escolares, eu iniciava um movimento reverso ao da população local: retornar às origens. A razão principal era a saudade dos pais e familiares; sentia uma necessidade visceral de vê-los. E não sentia falta apenas deles, mas da terra também. E quando falo em terra, refiro-me literalmente ao solo vermelho, fértil, gerando colheitas fartas, alimentando árvores frondosas, que aos poucos iam desaparecendo para atender à demanda de casas e mais espaço para a agricultura; a descoberta de novos sítios, revisita aos antigos, com pessoas humildes de mãos calejadas e marcadas pelo barro vermelho, que me recebiam de braços abertos e sorrisos francos. Abriam os porões e as pipas de vinho e, acima de tudo, a amizade sincera.

Durante o ano de estudos e trabalho, os contatos com amigos e familiares resumiam-se, à época, a cartas. De casa, era papai quem as escrevia. Com letra firme e bonita, devia despender algum tempo, sentado à mesa da cozinha, pondo-me a par das novidades, do estado de saúde dos parentes, eventuais visitas recebidas e alguns fatos inusitados em seu cotidiano.

Nesses momentos, nossas almas uniam-se, faziam as pazes de eventuais rusgas, dissabores e mágoas; havia uma intensa comunhão, que só a palavra escrita conseguia realizar, mesmo que excluíssem qualquer termo carinhoso. Tudo o que não se dizia em palavras, devido a uma espécie de pudor que nos tolhia expansões sentimentais, surgia nas linhas e entrelinhas das missivas. Mamãe, embora tivesse sido uma aluna dedicada, com belíssima caligrafia, jamais me escreveu uma frase sequer. Amava-me com o olhar e falava com o silêncio. Podia imaginá-la ali, ao lado do pai, sempre com uma tarefa por terminar, apenas observando, jamais opinando, mas sabendo de tudo que ele escrevia ao filho...

Em meados de dezembro, seu Edgar postava-se, como de hábito, na área da frente, donde tinha uma visão ampla da estrada e, ali, perscrutava descidas e subidas, à espera do filho. Não sabia com precisão o dia da chegada. Enviava-lhe, antecipadamente, uma data aproximada, mas dependia de fatores diversos, imprevistos. Era certo, porém, que, para o Natal, o filho lá estaria.

Já não trabalhava mais de sol a sol. Como vendera a olaria, dedicava-se apenas a atividades leves na propriedade rural. Seguindo a tradição alemã, fizera economias que lhe permitiriam ter uma velhice relativamente tranquila, se nenhum contratempo ocorresse. Mamãe não conseguia abandonar sua atividade com o leite, os ovos, as galinhas e algumas verduras. Era o que a mantinha viva e saudável. Mesmo que não houvesse bocas para tanta verdura produzida na horta, canteiros caprichados e legumes viçosos deveriam estar lá, como se fossem um jardim, podendo ser ricos presentes para suas humildes visitas, que retornavam radiantes a suas casas.

Os dias — e principalmente as noites — eram de festas. Reuniam-se os primos, os tios e até alguns vizinhos, ansiosos por conversar, ouvir novidades, degustar uma "galinhada" e dançar nos saraus familiares abrilhantados pelas harmônicas dos três irmãos. Eu tinha praticamente a obrigação moral de visitar velhos conhecidos em demorados e distantes *filós*, discorrer sobre o mundo em que agora vivia: a cidade grande, o mar e tudo que desconheciam... Ouviam maravilhados, pois ainda não desfrutavam dos recursos modernos de comunicação, limitando-se às informações transmitidas pelo rádio, agora mais comum na maioria das residências.

Retomava hábitos simples, como pescarias de rios e lagoas, atividades sociais, principalmente religiosas, jogos de cartas em bodegas, em companhia do pai. Na medida em que o verão avançava, contudo, o calor intenso e as noites abafadas e repletas de insetos estimulavam-me a retornar à nova vida, sem dúvida mais confortável e animada — ainda mais em plena temporada. Arrumava, então, algum pretexto e retornava a Guaratuba, mais uma vez sufocando a tíbia esperança de que permanecesse definitivamente com eles. Sentia-me o mesmo filho ingrato das Sagradas Escrituras.

— Mas já vai embora? Mal chegou... — afirmava a mãe, tomada de tristeza.

A caminho de casa — a nova casa — aproveitava também para visitar antigos colegas, agora reunidos em Curitiba, frequentando a PUC-PR e teimando em ser futuros padres, apesar dos reveses sofridos. A Congregação do Verbo Divino — onde estudara em Ponta Grossa — enfrentava uma forte crise institucional jamais imaginada.

No final da década de 1960, ainda no auge de suas atividades religiosas no Sul, proclamava um *slogan*: "*Cem para o Centenário*", que preconizava a campanha para terem 100 *noviços* a serem ordenados padres em uma grande festa comemorativa, com o intuito de festejar os cem anos de fundação da entidade, projeto acalentado há tempos. O vendaval das reformas do Vaticano, porém, parece ter frustrado o evento, tendo havido uma debandada geral dos noviços de Santo Amaro e das vocações em geral.

Desorientados, os líderes da instituição passaram a tomar atitudes radicais e deixaram ao léu aqueles jovens que ainda desejavam ordenar-se sacerdotes. O grupo remanescente teve que, então, "virar-se". Habituados a uma rotina em que tudo estava adrede preparado, sentiram-se perdidos no tempo e no espaço. Logo eles, que haviam resistido à deserção em massa e se mantinham firmes no propósito de persistir na vida religiosa.

Literalmente abandonados, alugaram um apartamento, empregaram-se pela cidade para garantir o sustento e o pagamento dos estudos. Fenômeno semelhante já havia ocorrido em São Paulo, onde moravam antigos colegas, que haviam abandonado o noviciado e se organizavam em repúblicas, seguindo, porém, projetos individuais.

Costumava visitá-los, movido por antigos vínculos de amizade e a longa e intensa convivência do seminário. A maior parte, habituada aos estudos e à vida populosa dos grandes centros, não mais retornava às cidades de origem, em geral pequenas e estacionadas no tempo. Mantinham, entretanto, os hábitos gregários a que estavam habituados e com que se sentiam mais seguros. Afinal, haviam sido condicionados à vida comunitária...

Em uma dessas visitas, tive contato com os horrores da Ditadura de 64. Curitiba havia sido palco de alguns incidentes de rua no final da década de 1960, mas agora tudo andava calmo na capital paranaense. Tínhamos notícias de que diversos ex-colegas se teriam envolvido em escaramuças na capital paranaense, contudo sem consequências mais graves. Em São Paulo, porém, as ações estudantis continuavam fortes e eram violentamente reprimidas. Bastava ser um jovem entre os 18 e 30 anos para se sentir vigiado, especialmente aqueles com aparência de universitário. Com meu amigo e conterrâneo, Rêmolo Santin, fomos à casa de antigos conhecidos, que há tempos não via. No caminho, alertou-me:

— Não vá se assustar. Os colegas estão escondendo o irmão de uma amiga, que foi preso e torturado pela polícia...

— Nossa, mas ele *tá* metido em alguma atividade subversiva?

— Pior que não!... É o mais inocente que se possa imaginar. Ele reconheceu uma colega de faculdade no ponto de ônibus, carregada de pacotes, e deu carona pra ela. No caminho, envolveu-se num acidente, o material dela caiu no meio da rua e esparramou-se. Carregava um monte de panfletos contra o governo, o tal "material subversivo". Imagina o que aconteceu! Ao vir a polícia, acabaram recolhendo tudo e descobriram que ela estava ligada a um grupo de oposição ao governo... O coitado acabou preso, acusado de cúmplice da moça e foi torturado pior do que um bicho...

— Puta que o pariu! E ele não conseguiu se explicar? — perguntei, incrédulo.

— Não adiantou. Quase mataram o miserável. Você vai ver...

Pouco depois que lá estávamos, acomodados e até esquecidos do fato, recordando o passado comum, relações antigas, entre risadas e velhas canções, surgiu aquele vulto, amparado, à porta: olhos esbugalhados, movendo-se como um robô, foi conduzido até o sofá, onde se sentou e permaneceu num silêncio sepulcral, com o olhar perdido, parecendo um cego.

Um colega levantou-lhe as calças até os joelhos, sem que esboçasse qualquer reação, e pude ver-lhe as pernas literalmente estraçalhadas pelo *pau-de-arara* — disseram. Permaneceu algum tempo entre nós, alheio a tudo. Falamos, então, de amenidades, até que se recolheu, conduzido para o quarto. Pela primeira e única vez tive contato direto com essa realidade... Havia tido alguns sinais de supostos *vigilantes* infiltrados em escolas, contudo nada além disso. Passei, desde então, a ser mais cuidadoso em meus comentários e contatos novos.

Mal cheguei a Guaratuba, fui procurado pelo amigo, padre Jerônimo, para um projeto da paróquia direcionado aos jovens e para o qual desejava minha contribuição. Tratava-se de uma experiência de resgate da fé cristã e de eventual consumo de drogas por parte dos moços locais, praga que se disseminava cada vez mais. Segundo ele, isso afastava-os da religião e tornava-os vítimas fáceis de traficantes. Diga-se que era, ainda, apenas a "ingênua" maconha... Além do mais, segundo ele, perdiam-se em uma sexualidade desenfreada, precoce e irresponsável...

Inexperiente, sentia-me literalmente impotente para fazê-lo, mas predispus-me a contribuir com seu projeto.

A única droga que eu consumia era o tabaco e já andava meio enojado tanto dos efeitos quanto das dezenas de associados ao meu vício, que não compravam cigarros, pois estavam sempre a abandonar o mau hábito, todavia me cercavam na esperança de alimentá-lo à minha custa... Quanto ao sexo, continuava ainda psicologicamente *castrado*, tamanha fora a lavagem cerebral do seminário. Tentava manter-me puro e casto até o casamento... Nem seria bom que eles soubessem disso, pois me tornaria motivo de chacota. O que crescia em mim era a crença no dito popular que afirmava: *Pau que nasce torto morre torto...* Não acreditava absolutamente em *conversões* extraordinárias, abandono de vícios... Mas Cristo era um teimoso e ensinava-nos a não desistir jamais! E o padre Jerônimo era um otimista incurável, além de meu amigo. Abracei, por isso, sua causa, mesmo que cético.

Convivi, então, com *convertidos* entusiasmados, reunindo centenas de jovens carentes de afeto, em chácaras, conventos e seminários vazios, vivendo dias em êxtase cantando, orando e ouvindo palestras, como se estivessem em Woodstock. Declaravam seus pecados pregressos quase com orgulho e assumiam votos de mudanças radicais... Eu não conseguia ver futuro naquilo. Era muita emoção e pouco comprometimento e disciplina, a meu ver. Na verdade, estavam apenas trocando uma droga por outra. Eu via a religião como uma construção diária, sedimentada em sacrifícios, muitas renúncias, hábitos saudáveis e comprometimento, jamais como aquela pirotecnia fugaz... Creio que nenhuma dessas conversões tenha durado mais de três meses...

— Mas alguma coisa ficará, nem que seja uma sementinha. — afirmava o bom pastor, com um sorriso triste.

Havia, ao lado da escola pública estadual, um prédio antigo e bem sólido, com a inscrição: "Escola de Pesca". O diretor iniciou a faculdade e, após me conhecer, convidou-me a dar alguma "assistência" de fundo religioso ou moral aos garotos internos. Eram cerca de 80 meninos oriundos de famílias extremamente pobres da região, assistidos pelo Estado. Ali, tinham abrigo, comida e educação formal, até completarem 18 anos.

Nesses eu ainda acreditava. Admirador do padre italiano Dom Bosco — cuja biografia havia lido —, aceitei a empreitada e todo domingo pela manhã, violão em punho, após a missa, conversava com eles sobre assuntos éticos, morais, sociais e entoava canções de fundo religioso, porém modernas. Evitava textos complexos, sermões e citações bíblicas. Preferia situações práticas, lições de vida, civismo... Criava-se, no mínimo, um clima de paz, de boas relações, polindo um pouco seus hábitos grosseiros.

Eu era um moço de dezenove, vinte anos, inexperiente, ingênuo, criado à sombra das batinas e dos altares e pouco tinha, de fato, a lhes dizer. Fazia, contudo, o que podia, levando-lhes histórias ouvidas e lidas, doutrinas estudadas, fomentando neles a esperança de uma vida melhor.

Alguém decidiu, então, que, como cristãos, eles deveriam ser crismados, o que daria um padrinho a cada um, em tese um responsável pelo seu afilhado. Nem de mim dava conta de cuidar direito e vi-me incumbido de zelar por dois marmanjos que mal conhecia. Assumi o encargo a contragosto, aconselhando-os, incentivando-os nos estudos, mas percebi que o que queriam mesmo era rádio a pilha, gravador de fita, excentricidades a que nem eu tinha acesso com o salário de professor... Claro que os abandonei sem qualquer prurido de consciência...

Na faculdade, cursava o terceiro ano. Mesmo tendo um carrinho para ir até Paranaguá, o combustível caro e a manutenção precária recomendavam a utilização de ônibus, agora com horário adaptado às necessidades de novos estudantes, filhos de cidadãos influentes da cidade, que conseguiram um horário quase exclusivo para atender a seus propósitos de acesso a um curso superior. Começava a conhecer a força da política...

Nos meus estudos acadêmicos, praticamente nenhuma novidade. O que persistia era o desinteresse total de professores e alunos. Meu único anseio era libertar-me daquele empecilho, formando-me, para ter uma vida normal de trabalho, com um diploma em mãos.

Para nós, os habitantes de Guaratuba, havia, ainda, o *ferryboat*. Se baixasse neblina — o que era relativamente comum —, ficávamos horas à espera de uma *brecha* para atravessar a baía. No retorno, principalmente, famintos, aguardando uma brecha na névoa intensa, madrugada adentro, alguns procuravam ostras e mariscos, ainda fartos, entre as pedras do Porto de Passagem; penalizado, o motorista, às vezes, retornava a Matinhos e conduzia-nos a uma panificadora em plena madrugada para comprarmos pão fresco, pago por uma coleta entre os poucos que portavam alguns trocados. Depois, sonolentos, aguardávamos o retorno já ao amanhecer, cochilando sobre os poucos bancos ou apoiados às paredes do precário edifício do Porto de Passagem.

Na escola, naquele ano, sobraram-me aulas de Desenho. Havia praticado pintura a óleo e aquarela com orientação de um dos professores do seminário. Estudara, como disciplina regular, Desenho Geométrico, irmão gêmeo da Matemática e odiava ambos, mas fizera o mínimo para ser aprovado pelo professor Leônidas Justus, aquele simpático senhor que me apresentou Guaratuba, de que era já frequentador assíduo. Ao receber a incumbência do diretor, pareceu-me ver o antigo mestre, sorrindo, sacana, ao me serem designadas essas aulas...

— Este aqui é o livro, professor! — disse-me o diretor.

— Mas, professor, eu não sou bom nisso... — argumentei, tentando, em vão, demovê-lo.

— Ah, mas sabe muito mais do que eles... E, conhecendo você, tenho certeza de que vai fazer o melhor. Até hoje não me decepcionou, não vai ser agora.

O danado sabia agir... Não restava alternativa senão encarar a penosa tarefa.

O grosso manual, insípido, expunha uma figura e, ao lado, indicava os passos, os valores e as ferramentas (régua, esquadro, compasso...) para executá-la no quadro-negro, detalhadamente, orientando os alunos a reproduzi-la em seus cadernos.

Com pouco entusiasmo, porém premido pela necessidade, dedicava-me horas a desvendar os mistérios, tentando memorizar a sequência, explicando detalhadamente, para evitar qualquer vexame... Sozinho, proferia alguns palavrões, mas, diante da plateia, sorria e exaltava a facilidade e a utilidade dessa disciplina...

Certo dia, repleto de atividades, esqueci-me de fazer a minha tarefa de casa. Ao lembrar-me, optei por preparar a tal aula no retorno da faculdade. Nessa noite, contudo, a balsa só pôde atravessar quase ao amanhecer... Mal tive tempo, então, de olhar por alto o tormento do dia logo na primeira aula. Era, certamente, o problema mais difícil que já havia visto. Na sala de aula, cansado e sonolento, iniciei-o várias vezes, mas acabava sempre em uma encruzilhada... Diversos alunos já sorriam maliciosos, antegozando meu fracasso. Que desafetos, um mestre sempre os têm. O suor começava a escorrer-me pelas costas...

— Professor, não é por aí! — disse-me, quase irritado, o Marcos Dal Lin.

Filho de um agrimensor prático, tinha a Matemática no sangue e parecia ter herdado as qualidades do pai. Suspendi o compasso, voltei-me para ele, sob o silêncio geral, sorri-lhe e disse:

— É isso aí, Marcos! Eu estava provocando exatamente você. Esse é o sonho de todo professor: ver o aluno superar o mestre... Venha até aqui e mostre aos colegas do que é capaz!

Após um breve silêncio, um clima de suspense, alguns colegas o aplaudiram e eu os incentivei...

Meio sem jeito, o adolescente dirigiu-se ao quadro-negro, tomou o compasso, a régua e o esquadro e foi montando o tal desenho, com pequenos vacilos, contudo ovacionado no final...

O que poderia ter sido um fracasso, um fiasco total, transformou-se em um sucesso pedagógico naquela manhã... Enfim: do limão, saiu uma bela limonada!

Concluí que, naquele dia, tinha dado o meu *golpe de mestre*...

Foi nesse ano, também, que um fato estranho ocorreu comigo, quando retornava das aulas em Paranaguá, intrigando-me por anos. Em Praia de Leste, o ônibus da Empresa Sulamericana parou para o desembarque dos estudantes que ali moravam. Pois agora, com essa linha regular, crescera o número de novos universitários e o ônibus retornava lotado. Tendo sido acordado do cochilo leve, fui interpelado por um senhor:

— Com licença... esse assento está vago? — perguntou-me.

— Creio que sim. Acho que outro passageiro desceu aqui. — respondi-lhe.

Afastei as pernas até o corredor e dei-lhe passagem. Trajava-se todo de preto. Alto e esguio, portava um chapéu de feltro e o terno impoluto cobria uma camisa clara com uma gravata também preta. Fugia totalmente ao padrão local, especialmente àquele lugar. Jamais havia visto alguém assim vestido ali, em uma cidade de veraneio.

Mediu-me com um olhar perscrutador e falou com um controle quase autômato:

— Estudante?

— Sim, e professor...

— Como assim?

Habituado a ser gentil, especialmente com estranhos, e deveras impressionado pelo seu semblante sério e pela elegância no vestir-se, apresentei-me, discorri sobre mim e o trabalho, esbanjando otimismo e exagerando nos elogios, alardeando minhas crenças... Costumava, com isso, despertar admiração dos interlocutores e estava habituado a receber, em troca, elogios... Ele, todavia, apenas me encarava e ouvia, sem esboçar a mínima reação. Quando terminei, ou fiz uma pausa, olhou-me bem nos olhos e falou, curto e grosso:

— Você não sabe de nada...

Foi como se recebesse um soco no estômago. Acomodei-me na poltrona e dormi. Acordei na garagem do ônibus, já em Guaratuba. O coletivo havia parado na Rodoviária de Matinhos, provavelmente aguardado a travessia no Porto de Passagem — onde todos deviam desembarcar —, cruzado a baía sob o forte ronco do motor do motor a diesel, parado novamente no ponto final, a rodoviária de Guaratuba e eu nada vira. Assustado, vi-me completamente sozinho e fui acordado pelo estardalhaço do motorista, que fechava a porta para retirar-se. Gritei-lhe, e ele, apavorado, julgou, possivelmente, ser um assalto. Ao reconhecer-me, abriu a porta, tremendo.

Após pedir-lhe desculpas, dirigi-me até o *Três Paus*, onde o proprietário, João, ofereceu-me um pedaço de seu fantástico frango:

— Daí, professor, o de sempre?

— A fome é grande, João, mas morro de vergonha! Minha conta já deve estar alta, estou sem grana... Esses caras do governo pensam que a gente não precisa comer...

— Deixa pra lá, professor! Um dia o senhor paga, isso é o que importa.

Era já o terceiro ano de atividade e de estudos, e o cenário não mudava: o governo não nos pagava em dia e, também, não dava qualquer satisfação. Por sorte, as pessoas continuavam solidárias, mas eu sentia-me cada vez mais humilhado e, às vezes, revoltado.

Como os estudos da faculdade praticamente nada me exigiam, além da presença nas aulas, dispunha de bastante tempo, mas não havia atividades na cidade que não fossem ligadas ao veraneio e à temporada. Já havia começado a namorar e, pela lógica, deveria pensar em fazer um "pé-de-meia". Sentia-me profundamente envergonhado, mas o que fazer em uma cidade em que março decretava o fim das atividades lucrativas, que, basicamente, só retornariam no final de novembro?

Aceitei, então, pequenos trabalhos — "biquinhos" — que ajudaram a tapar alguns buracos do minguado orçamento, ora desenhando a planta baixa da cidade, sob a liderança do Juanito Legarrea, que precisava de um assistente; ora fazendo cartazes de propaganda, a pedido de conhecidos proprietários de pequenos negócios...

Naquele ano, a Secretaria de Educação do Estado do Paraná orgulhosamente nos pagou os salários de 1972 no final de maio, exaltando o empenho das autoridades por serem tão rápidas e prestativas, bem como para a alegria geral da população local.

CAPÍTULO 13
Sombras sobre um céu de brigadeiro

O ano anterior acabara bem. Meu colega, José, concluíra o curso de Letras da FFEFCL de Paranaguá e convidou-me para a cerimônia de formatura e um jantar posterior.

— Você é meu amigo e parceiro... Ficaria feliz com a sua presença...

Começamos a comemoração do feito já bem antes do início oficial do evento. No caminho — em Matinhos — surgira o primeiro supermercado da região. A novidade atraía clientes de todo lado, para infortúnio das pequenas mercearias, que, fora da temporada, tinham suas vendas limitadíssimas. Munimo-nos, ali, de cervejas e partimos, já bebendo, até o destino do evento — um clube destacado em Paranaguá.

Terminadas as formalidades da cerimônia, dirigimo-nos a uma churrascaria — verdadeiro luxo para o nosso *status* econômico — onde, além de tirarmos a barriga da miséria, bebemos mais algumas garrafas extras, como se estivéssemos exorcizando os anos ali perdidos.

Ao chegarmos a Guaratuba, entramos, já cambaleantes, no popular *Cu da Mãe*. Para que não seja mal-interpretado, esclareço: tratava-se de um bar, junto à praça central, tocado por dois jovens garçons, chegados há cerca de uns dois anos à cidade. Por causa da pouca atividade nos restaurantes fora da temporada, adquiriram o negócio e dividiam a tarefa de tocá-lo. Pela simpatia de ambos, tornou-se ponto de encontro de boa parte dos moradores, avançando madrugada adentro. Ali se discutia sobre tudo e falava-se de todo mundo — um verdadeiro *cu de mãe joana*, expressão vulgar corrente à época. Logo, porém, foi abreviado para Cu da Mãe apenas — e assim ficou conhecido, perdendo qualquer conotação pejorativa... Até as crianças já o declinavam com naturalidade.

Estimulado pelos muitos amigos ali presentes, o formando pagou uma rodada aos clientes conhecidos e desconhecidos e dirigimo-nos, após, ao Clube dos Trinta e Três. Acontecia ali um tradicional baile, com a presença de boa parte dos habitantes da cidade, entre eles alunos e ex-alunos do estimado professor. Reconhecido, aceitaram os excessos do formando e seus amigos com naturalidade, pois era estimado de todos.

Um leitor contemporâneo certamente ficará horrorizado diante desse relato. E com razão. Acontece que beber e dirigir era atitude tida como normal, então, e não era classificada como contravenção. Ao viajar, o indivíduo portava consigo bebidas alcoólicas para consumi-las enquanto dirigia... Junto ao painel, havia até um porta-copos para facilitar o acesso à bebida, evitando os riscos da distração ao apanhar o copo ou as recém-introduzidas latinhas...

Anunciadas as férias, cada um partiu para atividades individuais. Havia pais a visitar, amigos a ver e só no início de março retornava-se às atividades. Caso houvesse...

No retorno, uma surpresa aguardava-nos. Se antes Guaratuba era um local distante e esquecido, com dificuldades de encontrar professores dispostos a ali trabalhar, com limitações de turmas e salários, agora o cenário parecia estar modificando-se.

Já no ano anterior, jovens formados na capital candidatavam-se a um "segundo padrão" — um montante de vinte horas/aula — e desciam a serra, permaneciam na cidade um ou dois dias, eram favorecidos com os melhores horários e, terminados os afazeres, retornavam às suas origens. Sendo formados, ou concursados, estavam em primeiro plano na escala de vantagens em relação aos colegas que ali residiam. E isso era um risco para os pioneiros... nós.

Todos que foram chegando, sentiram-se bem-vindos, integraram-se ao grupo e enriqueceram o trabalho, pois eram competentes e corretos. À época, era norma; aceitava-se e pronto! Mas representavam um risco à nossa estabilidade.

Havia, também, ex-alunos locais que ingressavam nas faculdades, a cada ano mais abundantes e acessíveis. O salário — mesmo baixo e atrasado — representava um ganho líquido e certo, além de significativo e cobiçado, visto que o trabalho intenso na cidade limitava-se ao curto período de temporada. Por certo, os jovens queriam bem aos antigos mestres, contudo avaliavam a possibilidade de, um dia, substituí-los. E, quanto antes, melhor! Muito provavelmente, os pais até os incentivavam, dadas as poucas opções de emprego na cidade, voltada à prestação de serviços braçais apenas.

E, de repente, uma nuvem escura começou a formar-se sobre o nosso *céu de brigadeiro*. Mal havíamos iniciado o ano letivo, com o costumeiro entusiasmo, e percebemos no então diretor — professor Alcindo — e na esposa — dona Maria José — uma nuvem de preocupação.

Apesar de sua discrição, descobrimos, aos poucos, que a origem da inquietação era de ordem política. A escola mantivera-se sempre alheia às disputas locais pelo poder. Seus mestres — até por não terem vínculos familiares ali — exerciam seu ofício sem jamais se envolverem com questões que não fossem eminentemente educacionais. Talvez por afinidades religiosas, motivadas por alguns movimentos de ordem carismática, tivessem surgido algumas ligações com líderes sociais e políticos locais, evidenciando alguns em detrimento de outros, despertando ciúmes. Jamais, contudo, isso teria interferido nas atividades escolares. O fato era que anseios de poder sufocados pelo golpe militar e os viciados conceitos democráticos nacionais começavam a despertar da letargia. Com o relaxamento do controle político e o surgimento de novos líderes alinhados ao governo, porém, parecia incomodar a alguns a ideia de não estenderem sua influência ou hegemonia sobre um bastião tão importante quanto o Ginásio 29 de Abril, onde seus filhos estudavam, mas que era dirigido por pessoas oriundas de outros locais e com professores não integrados ao meio político local.

O sucesso dos alunos em toda sorte de concursos prestados fora da minúscula Guaratuba chamava a atenção e poderia ser um belo trunfo a, possivelmente, explorar. Sabia-se que isso se devia a fatores como o entusiasmo dos mestres, a seriedade nos estudos e a exigência e o rigor nas cobranças das tarefas e do sucesso nas provas e — por que não? — à independência de interferências locais. Mesmo os menos destacados alunos locais logravam êxito em concursos públicos prestados pelo Brasil afora, e o ingresso em renomadas e concorridas escolas de ensino médio representava, potencialmente, um trunfo a ser politicamente explorado.

"Por que não tirar proveito disso?" — deviam pensar...

Vazou, então, que o estopim dessa bomba teria sido a exigência de uma mãe, vinculada ao poder político local, cobrando do diretor da escola afrouxamento do rigor contra seu filho, que ficara para a então denominada segunda época... Bastaria ao garoto realizar novos exames, pois cabulara aulas, e, recuperado, seria aprovado. Ela, porém, não aceitou a determinação, considerando-a humilhante. Valeu-se, então, da posição e do momento político para pedir a cabeça do diretor em exercício... E conseguiu.

Por meio de manipulação política, demitiram o diretor e puseram uma jovem senhora totalmente inexperiente e provavelmente desempregada na capital para assumir uma tarefa que não lhe era familiar: dirigir a escola. O casal, que dedicara anos a construir uma escola prestigiosa, optou por abandonar a cidade, não sem antes, com a dignidade que lhes era própria, solicitar aos antigos professores o mesmo entusiasmo de sempre, transferindo o cargo à sucessora.

Por meses, uma sombra pairou sobre a escola. Os professores, comprometidos com suas despesas pessoais, viram-se obrigados a continuar no emprego — ao menos naquele ano, com exceção de alguns. A queda no entusiasmo, todavia, tornava-se cada dia mais evidente, e o desânimo dos mestres, visivelmente traídos em seu idealismo, associado à incompetência da pretensa nova líder, resultou na mediocridade das atividades escolares... Passou a ser, então, uma "escola comum", bem ao gosto dos políticos, possivelmente.

Era a interferência oficial prestando seu desserviço à educação. No poder local, um bando de ignaros prepotentes interferindo no futuro das novas gerações... Entusiasmo, motivação, liderança e consciência são perigosos para o poder, especialmente em cidades pequenas lideradas por mentes obtusas.

E não parou por aí! Pouco tempo depois, minha namorada foi convidada a dar aulas a uma turma do MOBRAL — Movimento Brasileiro de Alfabetização — uma dessas siglas pomposas que os políticos adoram. Tratava-se de um projeto de alfabetização e inserção social, creio, de adultos analfabetos. Formada uma turma, iniciaram-se as aulas no período noturno. Repetia-se o já desgastado processo: pompa na abertura do evento, discursos inflamados e, depois, o abandono.

O projeto em si era louvável. Cabia à professora manter a frequência e o entusiasmo de homens e mulheres adultos — alguns já idosos —, informar-se das ausências e ouvir seus problemas familiares... Por mais que a mestra se esforçasse, a debandada foi geral, restando apenas alguns participantes, pobremente alfabetizados e eternamente agradecidos.

De suma importância seria — para as autoridades — a celebração da formatura, na data prevista, com o encerramento do glorioso projeto. Eis, então, que nesse dia ressurgiram, quais fênices renascidas, autoridades locais e convidados da capital, além de todos — ou quase todos — os matriculados, caçados e convencidos a irem à comemoração, mesmo que não tivessem assistido a mais de 10% das aulas ministradas, nem memorizado sequer as letras todas do alfabeto. Discursos inflamados de autopromoção, coquetel e muita divulgação não faltaram... Esse era o modo "político" de executar um projeto educacional em 1973...

Tendo acompanhado esse "projeto" desde o início e o embuste que representava — ao menos ali —, vacilei em minha crença no ensino público. Havia tido duas experiências terrivelmente negativas de sua ingerência em nosso trabalho de mestres naquele ano.

Estando eu no último ano da faculdade e cada vez mais comprometido com o namoro, permaneci na cidade e na escola, submisso ao poder público e aos seus escusos interesses. Discreto, cumpri meu dever, mas profundamente saturado do pesado ar que me cercava.

No fim desse ano, ocorreu uma "diáspora" dos conhecidos mestres em busca de novas plagas, onde, talvez, pudessem exercer sua função de educadores sem a nefasta influência de políticos ignorantes e interesseiros...

Cada vez mais necessitado de dinheiro para meus projetos de vida, que envolviam também o casamento, aceitei convite para lecionar na vizinha cidade de Matinhos. Por alguma razão, a professora de português abandonara as aulas quase no meio do semestre letivo e a 4ª série corria o risco de não se formar.

Pressionado pelas parcelas da primeira moradia, vendi meu fusquinha e fiquei sem meio próprio de transporte. Não havia ônibus no período vespertino entre Guaratuba e Matinhos. Acreditava, contudo, que, havendo sempre automóveis ou caminhões no *ferryboat* que fazia a conexão entre os dois municípios, seria fácil obter carona até as proximidades da escola, especialmente ao apresentar-me como professor. Ledo engano! Tantas negativas recebi, que desisti. Já nem perdia meu tempo a solicitar a gentileza aos motoristas em trânsito. Mediam-me de cima a baixo e, mesmo tendo quatro lugares vagos, negavam na cara dura. Ou não criam que fosse professor, ou que professores não podiam ser tão pobres ou até miseráveis... Percorria, então, os quase quatro quilômetros a pé e, na volta, era quase sempre conduzido até o Porto de Passagem por alunos que dispunham de automóvel e se sentiam felizes em transportar-me...

Vivi, também, nessa época, uma *catarse ecológica*, por assim dizer. Explico: sempre fora obcecado por caçadas. Na infância, tornara-se uma paixão compartilhada pelos colegas e matávamos tudo quanto fosse animal não doméstico, com estilingues, arapucas e armas de fogo, que aprendi a disparar aos oito anos. A fauna nativa, apesar de a colonização do noroeste gaúcho ser recente — cerca de trinta anos —, estava limitada a raros animais de pequeno porte. Crescemos ouvindo nomes de pássaros e animais de pelo que jamais vimos, pois ali não mais existiam, já dizimados pelos ancestrais, descendentes de imigrantes ou indígenas das reservas próximas. Não era à toa que, mesmo moço, adorava o tal Passeio Público da capital, onde podia, ao menos, conhecê-los e gabar-me de já os ter visto...

Certa feita, no intervalo de aula na faculdade, um colega, residente em Morretes, vizinho à Serra do Mar, descrevia-me a imensa variedade de animais de grande porte que matava, como jacus, pombas, pacas, cutias, capivaras e porcos-do-mato. Em uma jornada à faculdade noturna, o tema veio à baila e ouvi, fascinado, o relato do sr. Jaci, então Diretor da Escola de Pesca de Guaratuba, sobre uma malsucedida caçada em que fora envolvido...

— Sabem como é, mal fui nomeado diretor, um colega me convidou pra uma caçada. Acho que com a intenção de fazer amizade, sei lá! Eu vinha lá do interior, da região de Castro, e ali não tinha mais bicho grande. Conversa vai, conversa vem e um colega, lá de Morretes também ele, me perguntou:

— *O senhor gosta de caçar, seu Jaci?*

— Mais ou menos, na verdade, já matei algumas perdizes, rolinhas e até uma pomba grande... Como se chama, mesmo?

— *Carij..., deve ter sido uma carijó!*

— *Pode ser, mas nunca passou disso.*

— *Tem arma de fogo?*

— Tinha, nem lembro que fim levou... Acho que era uma 32...

— *Vixe, isso por aqui não serve nem pra começar! Aqui os bichos são grandes mesmo e a arma tem de ser poderosa... Gostaria de me acompanhar numa caçada?*

— Quem sabe algum dia, mas deixa pra lá...

— Certo dia — retomou ele —, recebi um telefonema e era ele, intimando-me para a tal caçada. Arrumei mil pretextos pra não ir, mas não teve jeito. Quando falei da arma, foi taxativo:

— *Não se preocupe. Só venha bem-vestido: manga longa, botinas resistentes e com sola grossa; de preferência de couro... Ah, e não se esqueça de levar algum tipo de repelente, nem que seja caseiro... A cachaça deixa comigo!*

— Literalmente pra não perder o amigo, fui. Estava me esperando. Junto dele, uma meia dúzia de caiçaras de chapéu à cabeça, calças e camisas velhas e pés descalços. Estranharam — pelos olhares que me dirigiam — minha indumentária, mais adequada para um safári... Mediram-me do chapéu às botinas, riram entre si e teceram alguns comentários, que não entendi. O meu guia aproximou-se, passou-me uma arma e uma cartucheira repleta:

— *Toma esta aqui. É uma 28. Não é das mais potentes, nem o coice dos mais violentos...*

— Um trecho fizemos de jipe; o outro foi com cavalos — dois, o meu e o dele —, e o resto corria a pé pela trilha já tomada de vegetação alta. Chegamos, após umas duas horas, a uma clareira e ali montamos nosso acampamento. Parecia uma operação de guerra. Retornaríamos na tarde do dia seguinte — um domingo. Abundavam os jacus, e logo começou o tiroteio. Eu andava para lá e para cá e só via uns míseros e barulhentos periquitos e papagaios que não valiam nem sequer a pólvora gasta. Contentei-me com apreciar a natureza, farta e diferente daquela da minha terra de origem — os *Campos Gerais*.

À noite, jantamos um porco-do-mato e os pássaros abatidos. Rolou muita cachaça e, já tontos, o amigo avisou:

— *Amanhã é tocaiar a onça... Diz que tem uma das grandes e nós vamos armar uma "espera" pra ela. Vocês sabem que onça é bicho do cão! É pra matar sem dó... O povo daqui vai até agradecer...*

— Acho que todos vocês cresceram ouvindo isso das onças... Senti um aperto no fiofó — com perdão da palavra — e custou-me dormir.

Atentos, ouvíamos o colega retomando a narrativa:

— Mal clareou o dia, o tumulto tomou conta do rústico acampamento. Alguns caboclos haviam levado uma espécie de *zagaias* e, agora, afiavam as pontas das lanças. O dono dos cães transportados na carroceria da picape já havia partido para posicioná-los no ponto de partida, além da "toca" da onça, conhecida e confirmada pelos nativos locais.

Ouvimos um latido distante e prolongado, como se fosse um sinal.

— *O cachorro encontrou a bicha. Agora é ficar quieto e esperar... Doutor, o senhor fica bem aí, atrás daquela árvore grossa. Mas se proteja, pelo amor de Deus!* — alertou o mateiro.

Obedeci, com as pernas trêmulas.

— Ó, *o senhor vai ter a honra de dar o primeiro tiro. Capricha! É simples: mira no peito e puxa o gatilho.*

— O alarido dos cães era cada vez mais intenso e próximo. Podia-se ouvir o barulho de ramos partindo. A trilha limpa, livre e nenhum pio em volta. Alguns com os dedos coçando no gatilho; outros com as pontiagudas lanças em posição de ataque.

De repente, a bichona apareceu na minha frente. Parecia que olhava direto dentro dos meus olhos apavorados. Ouvi, ainda, os gritos de todos que ali estavam:

— *Atira! Atira! É agora!*

Ouvi uma saraivada de disparos, o mundo girou e acordei convulsionado e... *cagado*! Verdade, juro! Me caguei todo; de cima a baixo. Fedor forte tomou conta da mata... Graças a Deus, porém, estava vivo:

— E a onça? — indaguei.

— *Ihhhhh, se foi! Acho que não aguentou o cheiro da merda...*

— Literalmente, rolavam pelo chão relvado, rindo e levando as mãos à barriga...

Dentro do carro, a gargalhada também fora geral.

Recordava-me do episódio e do relato, sentado sobre uma pedra coberta de musgo, no alto de um morro, entre a cidade de Matinhos e a Baía de Guaratuba. Eu também estava ali numa caçada...

Tendo descoberto que era aficionado por caçadas, um aluno, empático e solícito, convidou-me para acompanhá--lo em uma incursão pela Mata Atlântica caçar os pássaros da região, grandes e abundantes, segundo ele:

— Só precisa arrumar arma e munição, professor...

— Mas não é perigoso? — perguntei-lhe. — A polícia não bate por aí?

— Não tem perigo não. Ninguém dá bola...

Não dispunha de arma nem sabia quem a tivesse. Lembrei-me do *João do Três Paus*. Costumava enfiar-se lá pelo Cubatão e ali, segundo sabia, matava-se de tudo: veado, capivara, porco-do-mato...

— Lamento, mas não tenho mais... Aliás, tenho uma 40, mas aquilo é só pra passarinho pequeno... O tiro é que nem um *traque*. Se for no alto, é capaz de o chumbo nem chegar até o alvo...

— Melhor que nada...

Os dois caçadores separamo-nos no meio da serra e combinamos o reencontro. A mata exuberante, limpa e de vegetação baixa favorecia o deslocamento. As árvores nativas deviam ser milenares, com mínima indicação de extração de algum tronco mais grosso — provavelmente de Guarapuvu — para confecção de canoa. Nas frondes altas, o clima era de festa, com alarido intenso de diferentes aves. À altura de um tiro — especialmente com a minha espingarda — um que outro picapauzinho ou caga-sebo, que não valia, de fato, a munição empregada...

Ao longe, ouvia os tiros espaçados do companheiro, certamente mais felizardo que eu...

Aos poucos, fui sendo tomado por aquela sinfonia de cantos diversos, caí em mim e concluí o quanto era idiota ao estar ali perturbando-a, mesmo que eu não lhes representasse perigo maior....

Sentei-me, lanchei e passei a perseguir a variedade pássaros não mais pela sua pouca carne — desnecessária — e, sim, pela beleza do espetáculo de cores e pios. Definitivamente não caçaria mais! Nunca mais!

Reencontrei o companheiro. Pus a culpa do insucesso no pouco alcance da arma utilizada. Devolvi-a ao dono, a quem deixei a munição restante, e encerrei a fase "caçador" em minha biografia.

Hoje, prefiro partilhar as frutas do quintal com as aves, recebendo, em troca, a visão da bela cor da plumagem das saíras ou o mavioso canto dos sabiás, que mitiga as dores da alma... Estou mais para o sensível Gonçalves Dias: *"Minha terra tem palmeiras/ Onde canta o sabiá..."*.

Pelo mês de outubro, já morando em uma minúscula casinha própria, recebi uma visita inesperada. Findara as duas aulas que tinha naquela manhã e dirigi-me à sala dos professores. Saindo à porta, vislumbrei um vulto magro e alto que me pareceu familiar. Vestia um terno cinza-claro e sapatos de couro convencionais, e o cabelo alourado e empinado tornava-o inconfundível. Não queria, porém, crer que fosse ele — o padre Germano Van Der Meer.

— Padre Germano? — perguntei, incrédulo.

— Olá, Enio! Mas isso é incrível!

— Olá! Incrível digo eu! O que o senhor está fazendo aqui?

— Acredite ou não, vim lhe fazer uma visita...

— Mas como foi que me achou?

— Disseram-me em Curitiba que você estava aqui... Era professor na escola... Daí, foi só perguntar aí na rodoviária e me confirmaram que era aqui perto, e vim andando...

— Meu Deus, quase impossível acreditar...

— Acredite, estou aqui... Como tem passado? Já faz... três para quatro anos, não?

— É isso, mas a que devo a honra dessa visita?

— Sabe que trabalho em São Paulo agora, mas vim fazer algumas atividades em Curitiba. Tinha um dia livre e decidi vir conhecer este lugar e encontrar você...

Apesar das finanças apertadas, escolhi o melhor restaurante da cidade e levei-o para saborear o variado e apetitoso cardápio local. À tarde, fomos conhecer os principais pontos turísticos da cidade, enquanto recordávamos os tempos vividos em Ponta Grossa, onde havia sido meu grande defensor. Em razão, porém, de seu espírito mais aberto e liberal, acabou sendo defenestrado tanto do seminário quanto da congregação, e adotado, depois, pelo Movimento Mariapolita — um grupo de renovação carismática católica.

De qualquer maneira, eu não podia acreditar que viera até mim única e exclusivamente por amizade e consideração. Havia alguma coisa importante que ele hesitava em falar. Tendo prova imperdível na faculdade, ofereci-lhe hospedagem em minha humilde casa.

— Não... Agradeço. Amanhã preciso estar de volta a Curitiba...

— Nossa, mas agora não tem mais ônibus para Curitiba, e eu preciso estar em Paranaguá hoje. Tenho prova intransferível... Que tal vir comigo? (Já havia conseguido um novo fusca — embora usado e com o tanque quase sempre vazio.) De lá, saem ônibus até a meia-noite para a capital.

— Ah, que bom! Assim poderemos conversar mais um pouco.

No meio do caminho, com visível nervosismo, explicou-me a verdadeira razão da visita.

— Enio, você por acaso teve contato com o padre Fulano depois de haver deixado Ponta Grossa?

— Então era isso! Eu sabia que o senhor não tinha vindo aqui só por amizade...

— Desculpe, é que surgiu seu nome por lá, em Santo Amaro e depois na casa provincial de Curitiba... Estamos numa investigação séria. Precisamos tomar algumas providências, mas com muito cuidado, por causa de possíveis repercussões, bem como para não cometermos injustiças...

— Olha, padre Germano, eu mantive sigilo praticamente de confissão em relação a isso. Jamais revelei coisa alguma sobre ele... Nem ao senhor. Mas já que puxou o assunto, e entre nós dois a sinceridade sempre foi total, vou contar-lhe tudo sobre o que sei...

Relatei-lhe, então, todos os detalhes que sabia, tentando, sempre, demonstrar uma atitude complacente em relação ao jovem sacerdote. Nunca mais me procurara e, se tinha algo a acertar com alguém, não seria comigo...

— Fica tranquilo! Acredito em você e parte do que disse, já sabia. Talvez não com tantos detalhes. Estamos estudando o caso, mas é claro que agiremos movidos pelo amor de Cristo... Diga-me apenas uma coisa: isso afetou sua fé?

— Deprimiu-me bastante, sim. Apenas isso... Até o questionei. Mas acho que isso deve ser da natureza humana e não tenho, ainda, idade ou formação para julgá-lo... E o senhor sabe que não é um caso isolado... Mas, respondendo à sua pergunta: não, isso não afetou minha fé... Pode até ter estremecido um pouco. Só o tempo dirá, creio.

— Entendo... Mantenha discrição, pode ser?

Chegamos à estação rodoviária, despedimo-nos e nunca mais nos vimos.

Vieram, enfim, as férias escolares. Após um ano conturbado, foi um alívio geral. A nova direção, indesejada, não resistiu à latente hostilidade e desapareceu. O pesado ambiente escolar foi aliviado pela azáfama da temporada a iniciar-se. Os professores oriundos da capital sumiram, ao menos temporariamente. Outros viajaram em busca de novas plagas e o "29 de Abril", em plena temporada de verão, entrou em hibernação, como um urso sonolento ou derrotado. Só a próxima primavera, ou o fim da temporada, poderia avaliar eventuais mudanças.

CAPÍTULO 14
O sonho acabou...

Como de hábito, fui passar o Natal com os pais. Agora, estava dividido entre duas famílias — a dos pais e a da namorada — a data religiosa, porém, convidava ao contato com os consanguíneos, que prevaleceu. Natal e Ano-Novo em família eram, para nós, uma tradição muito forte. Havia toda uma expectativa que ia desde a preparação espiritual, a limpeza da casa e do quintal, a repintura de móveis, a preparação do presépio, os ensaios de cânticos natalinos até a compra pródiga de bebidas e bons pratos a serem compartilhados. Se eu faltasse, seria, provavelmente, profunda a tristeza dos familiares, especialmente de mamãe, que, todavia, tudo faria para disfarçá-la... Coisas de *alemão*: sentimentos, sim; demonstração, não.

Diferentemente de outras etnias, predominava entre nós — talvez por influência dos padres alemães — um comportamento fortemente místico na noite natalina. Éramos convencidos de que se tratava de um renascimento pessoal, através das cerimônias de encenação do fato histórico — um pomposo espetáculo nas escadarias da igreja, diante do povo comovido, do qual participara por anos da confissão — no mínimo anual — e da comunhão. Finda a tradicional Missa do Galo, dirigiam-se todos a suas casas quase em silêncio. Não havia jantares, festas e bebidas naquela noite. Compartilhávamos a pobreza de Cristo em uma manjedoura. Só na manhã seguinte é que encontrávamos — quando crianças — os presentes dispostos sobre o sofá da sala. Havia um almoço especial e, até o Ano-Novo, seguia-se um clima de festa, ou de férias; praticamente a única folga que se permitiam os adultos, executando apenas tarefas domésticas.

Em casa de famílias alemãs, desde a mais tenra infância, armava-se o presépio, decorado com as estatuetas de gesso guardadas como relíquias familiares, e o abundante musgo retirado das matas vizinhas. Durante a semana, reuníamo-nos em breve oração e, depois do jantar, papai com os irmãos entoavam velhas canções natalinas oriundas da Europa e por anos aprendidas em casa ou nas capelas. Já mais maduro — assim me imaginava —, esses encontros não tinham mais, para mim, as mesmas emoções de outrora e, embora amasse os pais e a convivência com os familiares, reduzia cada vez mais o tempo de minha estada com eles. O estado nostálgico tornava-se cada vez mais efêmero. Habituara-me, sem me dar conta, talvez, ao burburinho do litoral em alta temporada e à companhia da namorada, em cuja casa as comemorações eram mais agitadas. Lá no fundo da alma, contudo, ao sugerir a partida, percebia que perdurava por dias o olhar esperançoso de mamãe de que um dia, talvez, não houvesse mais tantas despedidas, pois permaneceria com eles definitivamente, e do pai o cenho carregado, na despedida, a dizer, com ou sem palavras:

— Te comporta, guri!... e manda notícias!

Essa aridez de palavras e a atitude imperativa eram bem próprias de papai no trato com o filho. Poderia, à primeira vista, parecer estupidez, boçalidade, mas não era. Começava a compreender que consistia na sua forma de demonstrar-me bem-querer, preocupação, porque lá no canto do olho uma lágrima sutil e disfarçada transbordava.

De volta, dispondo de muito tempo livre, em parte da jornada aproveitava o verão na praia, descobria alguma atividade que reforçasse o limitado ordenado e visitava antigos colegas que há muito não via.

Dessa vez, mal retornei, recebi a notícia de que a namorada e sua família mudariam para Maringá, por causa do insucesso do pai em sua atividade comercial. Seguiram-se momentos de tensão e tristeza, inclusive pela longa distância que nos separaria.

Aos poucos, colegas professores foram partindo e só haviam restado alguns poucos dos mais antigos e íntimos. Esfacelava-se o grupo, abalado pelos eventos do ano anterior. Soube que um novo diretor estava prestes a assumir a escola. Quanto a mim, somente havia incertezas, porém seria temerário partir naquele momento... Precisava, no mínimo, concluir a faculdade.

Lá no fundo, acordou novamente uma voz sufocada a sugerir:

— *Larga tudo isso aí e vai embora, cara! O mundo te espera... Estados Unidos, Alemanha, Inglaterra... É agora ou nunca! Aproveita enquanto és livre!*

Realmente, a tentação era grande. À custa de muito sacrifício, havia comprado um terreno e construído uma casinha simples que, vendida, poderia bancar a viagem e, talvez, uns dois a três meses de carência, até encontrar um novo ganha-pão... Mas e o que deixaria para trás?

Pessoas que me amavam, me estimavam e a quem eu também queria muito bem...

E mais uma vez o sonho de tornar-me um "cidadão do mundo", de explorar novas terras e costumes, acabou enterrado. Minha coragem diminuía...

Iniciou-se, então, o novo ano letivo. A diretora imposta politicamente no ano anterior não resistiu ao clima hostil e demitira-se. O novo diretor, alinhado politicamente aos "caciques" locais, assumiu a tarefa de reorganizar a escola e tentou apaziguar os ânimos. Soube conduzir o trabalho e, pessoalmente, não permiti que eventual animosidade prejudicasse a qualidade do meu desempenho. Afinal, os alunos nada tinham a ver com as disputas ocorridas. Apenas uma certa desilusão e leve aura de tristeza empanou o brilho daquele ano... A escola já não era mais a mesma.

Alguns dias após o início das atividades, surpreendeu-me o antigo diretor — já estabelecido na capital — com um convite para ministrar algumas aulas em um bairro, onde, por sua conhecida competência, fora convidado a assumir a direção. Para mim, seria uma porta aberta para muito maiores oportunidades.

— São poucas aulas... ainda. Terá quatro à noite e quatro pela manhã — de inglês e português, sua área... — disse-me, sorrindo.

— Será que vale a pena? Os gastos quase empatam com os ganhos... — retruquei.

— Homem, parece que estamos reprisando um diálogo de quatro anos atrás, lembra? Que voltas que o mundo dá! Pensa no futuro! É um pé na capital. No ano que vem certamente terá mais; ainda mais que estará formado. E aqui tem escola pra todos os lados...

Tornaria às "origens", embora com a marca de uma universidade perdida, trocada por quatro anos de extenuantes jornadas, com um mínimo de aproveitamento... Restaram, além da experiência de sala de aula, boas amizades e um carinho eterno pelos ansiosos garotos e garotas esperançosos de uma vida melhor, mais digna, que os quatro anos de "ginásio" lhes deram. Para mim, o estágio *To sir with love* havia-se encerrado.

A proposta dessa experiência nova não deixava de ser interessante: sentiria o ambiente, teria perspectivas de tornar-me conhecido entre colegas e, possivelmente, fazer carreira na capital, com oferta muito maior de trabalho. Animava-me, também, a desilusão com o poder público, cujo braço era, certamente, mais curto em centros maiores.

Optei, então, por aceitar a proposta.

Imerso no trabalho, pouco observava do mundo ao redor. Embora me deslocasse à capital semanalmente, permanecia o tempo todo na nova escola, onde tinha as aulas concentradas. Os alunos — jovens da periferia — assemelhavam-se muito aos de Guaratuba. Consegui motivá-los com aulas que lhes despertassem a curiosidade, utilizando novamente a música e o canto como auxiliares e, talvez graças à juventude, inspirava-lhes confiança e expectativa de futuros melhores.

CAPÍTULO 15
Um mergulho no passado

O retorno semanal a Curitiba, mesmo que rápido e ainda não definitivo, reacendeu velhas amizades. Voltei a ter contato com vários dos antigos colegas de seminário. Confirmaram-me, então, que a congregação religiosa Sociedade do Verbo Divino, tão destacada por mais de um século, e sob cujas asas fora acolhido por sete anos, arruinava-se dia após dia. Embora tivesse minhas reservas quanto a seus métodos educativos, o fato causou-me profunda tristeza. Jamais imaginara que uma organização tão pujante, de repente, esfacelava-se. O propalado sonho de "cem para o centenário" havia-se tornado impossível, pois sofrera uma debandada geral e aos que heroicamente resistiam à queda a instituição, antes protetora, tratava com descaso, tendo trocado a face afetuosa de mãe pelo cenho carregado de madrasta...

Não tinha, então, a maturidade para entender os mistérios do ser humano e cria — ainda — também na Igreja Católica Apostólica Romana como a herdeira do poder divino na Terra, a única religião certa, pois todo o resto seria paganismo ou ignorância. Pelo menos havia sido o que me ensinaram... No íntimo, discordava das atitudes de alguns de seus membros e seu comportamento, minimamente hipócrita, contudo atribuía suas atitudes à fragilidade humana e não cabia a mim julgá-los, até porque ressurgia sempre a recomendação: "Não julgueis para não serdes julgados". Aliás, uma máxima muito conveniente no processo de dominação, que me citavam quando contestava algo. Calava-me, submisso, também porque conhecia tantos abnegados, a quem admirava pela devoção aos votos, à causa missionária, ao zelo pastoral... que persistiam na crença dos seus princípios e na vivência estoica da doutrina...

Soube que o outrora lotado noviciado de Santo Amaro, São Paulo, estava às moscas. Houvera, ali, uma debandada total. Pareceu que a fagulha da liberação dos cigarros havia causado um incêndio muito maior: quartos, celas, dormitórios restavam, agora, vazios, porém. Agregados em pequenas comunidades pelos subúrbios, pretensos antigos missionários aglomeravam-se em rebanhos — resquício, talvez, de anos de vida comunitária, ou de ovelhas assustadas — ajudando-se, mutuamente, enquanto se inseriam na vida leiga. Mantinham conexão com a fé e seus rituais, mas se afastavam do celibato e de uma existência eminentemente religiosa.

Meus antigos colegas de turma — derradeiro grupo a concluir o ensino médio no Juvenato do Verbo Divino, em Ponta Grossa — encontravam-se largados e sem residência fixa na capital paranaense. Possivelmente por razões de ordem econômica, a Entidade SVD viu-se forçada a desfazer-se de propriedades, assim, obrigando seus ocupantes a buscarem novos abrigos. Bravamente, os rapazes assumiram o próprio destino, empregando-se em diferentes atividades, garantindo a própria subsistência, porém ainda movidos pelo desejo firme de se tornarem sacerdotes.

Os padres mais velhos, especialmente os estrangeiros de origem, continuavam, inabalados, seu ofício de rezar missas, ministrar os sacramentos e arrecadar o dízimo. Normalmente, ocupavam paróquias do interior, aonde os ventos dessa revolução interna e as notícias tardavam a chegar. Talvez a única diferença tivesse sido a diminuição da coleta e do receio dos castigos eternos quando não cumprissem com seus compromissos religiosos... Aqueles habituados apenas aos ambientes internos e celas dos conventos viram, possivelmente, o vazio de pátios e corredores, estranharam o silêncio dos refeitórios, a solidão das estátuas e a paz incômoda das capelas vazias... As mesas animadas e bem sortidas dos refeitórios dos padres tornaram-se menos gárrulas e com cardápio mais adequado a penitentes em vez de glutões.

Saudoso, de certa forma, influenciado por sete anos — para quem contava 20 de idade, quase meia existência — havia retornado, em companhia de um grupo de alunos, ao antigo colégio há dois anos. Temia o reencontro com alguns antigos desafetos, mas decidi encarar o desafio ou uma espécie de catarse. Por alguma razão, não me deparei com qualquer um deles. Ou haviam sido transferidos para outros lugares, ou estavam temporariamente ausentes.

Diferente de quando dali saíra, o cenário era de total desolação. Não havia mais do que um quarto do número dos antigos ocupantes. No silêncio sufocante, podia-se ouvir o ciciar do vento nas frondes dos vetustos eucaliptos, que já eram velhos no "meu tempo". O teatro por nós erguido, com no mínimo duzentos metros quadrados, demonstrava, pelo abandono externo, sua inutilidade atual. Ajudara a edificá-lo, transportando tijolos, virando concreto e ali dera o último "espetáculo", com a presença de meus pais... Que festa aquela formatura! Restava ali, agora, vazio e silencioso como um verdadeiro elefante branco...

Tentei ouvir algum som de instrumentos musicais... Nada... Dirigi-me a um guia e perguntei-lhe (sim, havia um simpático mocinho que nos acompanhava, desempenhando a função de cicerone):

— Ainda tem alguma banda ou algum conjunto que toca aqui?

— Ah, tem mais não! Tem é uma *instrumentaiada* velha espalhada por aí, mas ninguém toca mais não!

— E em quantos vocês são hoje, aqui?

— Cerca de uns quarenta...

— Ah, é?! E onde estão?

— Lá na "sala de televisão"... Em um dia como hoje, ninguém sai de lá... Campeonato Brasileiro, sabe como é...

Sim, eu sabia... Só que ficávamos junto ao rádio...

Quando por lá passamos, abriu-nos a porta e mostrou, orgulhoso, a grande sala, que no meu tempo era de acesso exclusivo aos padres, repleta de rapazotes concentrados, que nem sequer nos voltaram os olhares... Novos tempos.

— E as aulas? Continuam bastante formais e rígidas na disciplina?

— Na verdade, a gente não estuda mais aqui... A condução leva-nos todas as manhãs até uma escola e traz de volta ao meio-dia. Daí, à tarde, tem reforço ou complementação...

— Tipo latim, línguas..., certo?

— É... alguma coisinha. Mas esse latim é só um básico... O senhor sabe... nem se usa mais!

— Tem razão, tem razão... E a disciplina é muito rígida aqui?

— Olha... tem horário pra tudo, mas eu não acho que seja rígida. Dizem que era muito mais no passado...

— E podem receber visitas de fora, colegas e tal?

— Claro, até as namoradas...

— Namoradas? Pode ter isso agora?

— É... tem de manter o respeito, mas podem vir. A gente até é incentivado a ter experiências de relacionamentos com moças... Mas tudo no maior respeito.

— Caramba, isso é muito bom! Dá mais segurança e quebra tabus...

— Bom, a gente vê isso como natural. Agora, a maioria nem liga pra isso...

— Deus me livre, rapaz! No meu tempo, era expulsão e quase excomunhão...

— Nossa, que absurdo!

Separei-me dos demais visitantes — entre eles o diretor da escola, que também ali estudara — e fui revisitar alguns sítios próximos e contemplar a paisagem que tantas vezes me servira de refúgio. As velhas trilhas de meditação quase haviam sumido, pela provável pouca ou nenhuma frequência. Cheguei a vislumbrar os fantasmas de alguns colegas extremamente *místicos*, praticamente levitando por lá... O Marcelino, o Odamar, o Roque... por onde andariam hoje? A perder de vista, estendia-se a ainda extensa propriedade, em que plantávamos o trigo mourisco e criávamos algumas reses ou porcos; agora apenas represavam o avanço da urbanização:

— *Não vai resistir*! — vaticinei para meus botões.

Tendo retornado, não encontrei a caravana, que, segundo me informaram, havia se distanciado um pouco pelos arredores, admirados do tamanho do "castelo" e suas adjacências.

— Será que eu poderia dar uma voltinha pelo interior da casa para matar as saudades? — perguntei a um dos moços que já vira antes.

— Claro, fique à vontade... A sua "galera" vai demorar um pouco...

Subi os degraus onde, no ano de 1963, excitado pelas novidades, posara para a foto oficial, em companhia de padres, irmãos e colegas; cerca de duzentas pessoas. Tudo era, então, uma grande festa...

À esquerda, por um instante, ouvi a *furiosa* tocando a marchinha *Aricanduva* e pareceu-me vislumbrar um menino louro concentrado executando sua partitura na clarineta *Weril*... Era eu, com certeza. Mas desapareceu em um átimo nas brumas do passado... Percorri os corredores longos dos três andares: os dois primeiros destinados às salas de aula e bibliotecas, e o último para dormitórios. Sentia o mesmo odor nauseabundo de quando ali morava, misto da pouca higiene daquela concentração de meninos e rapazes aliada, talvez, a práticas proibidas...

Seria um crime não entrar na capela, destino de todas as manhãs. Era a mesma, porém pareceu-me mais triste. Deu-me a impressão de que a Nossa Senhora se sentia mais só, abandonada, e o olhar de seu filho, Jesus Cristo, lá pendurado na cruz, com a coroa de agudos espinhos, cobrava mais companhia que orações... Persignei-me e saí deprimido.

— Onde foi que se meteu? — perguntou-me o líder do passeio.
— Por aí, matando a saudade. — respondi-lhe.
— *Simbora*, então?
— Só se for agora...
— Volta pra Guaratuba com a gente?
— Se não se importar, fico uns dois dias em Curitiba. Gostaria de visitar alguns velhos amigos...

Meus heroicos ex-colegas e amigos próximos encontravam-se já mais bem acomodados em um apartamento na área central da cidade. Matriculados na PUC-PR, seguindo um roteiro predefinido, estudavam filosofia à noite e, para sustentarem-se, empregaram-se em diversas empresas pela cidade. Tiveram, com isso, uma saudável convivência com a realidade de uma sociedade que os padres em geral desconhecem — o trabalho formal, que fornece o salário *com o suor do seu rosto*... Agora, quais apóstolos primitivos, compartilhavam ganhos e despesas, vivendo modicamente.

Passado o furacão, veio a bonança, e a Congregação decidiu redimir-se e estender a mão aos fiéis irmãozinhos que havia covardemente abandonado. Adquiriu uma casa que os acomodasse decentemente, auxiliou nas despesas, além de fornecer-lhes um guia espiritual para com eles morar e orientá-los nos estudos... Liderava-os o padre Patrick McGovern, que eu conhecera em Carazinho, quando era recém-chegado ao Brasil e eu estava a caminho do seminário. A empatia fora imediata. Agora, tornara-se professor na UFPR e liderava a adaptação dos rapazes aos novos tempos... Com isso, reatei e estreitei os laços com os antigos companheiros e vi dois deles serem ordenados sacerdotes...

Esse reencontro com o passado contribuiu para que mantivesse boas relações com a religião e com os antigos parceiros da juventude. Mesmo tendo tido experiências que pudessem ter me afastado da prática religiosa, gerado rebeldia, cria na essência da doutrina cristã, na figura de Jesus Cristo e sua pregação, e tentava perdoar àqueles que, porventura, não fossem fiéis ao seu discurso ou aos que me apontaram os dedos carregados de culpa. Não cabia a mim condená-los... Por isso tudo, calara-me.

CAPÍTULO 16
Retorno à capital

A cada deslocamento a Curitiba, cristalizava-se em mim o desejo de despedir-me definitivamente de Guaratuba. Amava a cidade que me acolhera e muita gente dali. Não tinha mais, todavia, o contato com os ex-alunos, que se mudavam em busca de trabalho ou estudos, como eu, um dia, fizera. Muitos conhecidos haviam partido, até estimulados por nós e pelos estudos, em busca de melhores oportunidades, e a solidão tornava-se cada vez maior. Durante a temporada, lotada de veranistas, nossa cidade adquiria *status* de movimentada metrópole, por causa do agitado clima de férias. A partir de março, porém, sem os antigos amigos e com número cada vez maior de professores visitantes, ansiosos por retornarem a suas casas e afazeres mal terminavam suas aulas. Acabaram aquela cumplicidade positiva, o espírito de equipe, o comprometimento que nos unia. Os alunos pareciam sempre desanimados, e o estudo, um peso.

Passei, então, a sentir-me um peixe fora d'água. Ansiava pelas aulas em Curitiba, onde um grupo animado demonstrava entusiasmo semelhante ao que um dia tivéramos, sob as asas do 29 de Abril.

Infelizmente, não podia fazer a viagem à capital de ônibus, pois não havia conexão possível. Assim, às vezes, com meu fusquinha, obrigava-me a enfrentar até quatro horas de viagem, serra acima, em marchas baixas — primeira e segunda — atrás de caminhões quase a se tocarem e, assim, impossíveis de serem ultrapassados, pois a rodovia de pista única não permitia. E — para piorar — o movimento tornava-se cada vez mais intenso.

Foi num desses retornos que vivi uma experiência incomum. Eram cerca de 15 horas e descia a serra, revisando mentalmente as aulas que daria à noite. Na última e longa curva do local conhecido como Rio Sagrado, vislumbrei, junto ao barranco, uma família composta de um homem de cerca de trinta anos, uma mulher mais jovem com uma criança nos braços e um menino de uns quatro anos, agarrado às pernas do que deveria ser o pai... Estavam malvestidos, quase maltrapilhos. O homem pareceu-me esboçar um tímido gesto de quem pedia carona...

Habituado desde a infância a compartilhar o carro e penalizado — por já ter havido tantas vezes sentido a dor da negativa — decidi parar. Baixei o vidro e perguntei:

— Pra onde vão?

— Pra cidade...

— Mas pra qual cidade?

— A primeira que tiver... Pelo amor de Deus, moço, leva *nóis*!

— Olha, eu posso deixar vocês perto de Paranaguá, porque faço outro caminho e tenho um compromisso... trabalho.

— Tá bom, moço. Tira *nóis* daqui que já tá bom...

A jovem mulher acomodou-se no banco traseiro com os filhos. O marido sentou-se ao meu lado. Um cheiro fortíssimo de picumã e urina infestou o carro. O homem, quase em lágrimas, dirigiu-se a mim:

— Foi Deus que mandou o senhor, *seu moço*...

— Creio que sim, pois não é Ele que decide tudo que nos acontece?

— É, acho que sim. Mas *às veiz* parece que Ele esquece da gente...

— Mas me conta: desde que horas vocês estão aí na beira da estrada?

— Desde de manhãzinha... Pouco depois do sol nascer...

— Não acredito!... E vocês são daqui mesmo? Moram por aqui?

— Não... *Nóis é* do norte... lá onde se planta café. *Moramo* pra lá...

Apontou em direção às montanhas da Serra do Mar.

— ... mas bem lá pra dentro. Algumas *légua* daqui. *Andemo* desde as duas ou três *hora* da manhã e *cheguemo* aqui no *clareá* do dia...

— Então vocês vêm do norte do Paraná? De que cidade?

— Lá das *banda* de *Pucarana*, mas do sítio... Eu *tava* sem serviço e apareceu um homem procurando alguém que sabia lidar com café e me contratou... Só não disse onde que era...

— Apucarana! Então você veio sem saber onde ia trabalhar?

— Isso mesmo... Avisei a mulher, *juntemo* as *traia*, *peguemo* as *criança* e *viemo*...

— E como é que ele era, esse homem?

— Parecia gente boa. Tinha uma camioneta grande, cheia de mudinha de café, pacote de tudo quanto era comida, lampião, querosene e outras *coisa*...

— Mas e daí, acertaram alguma coisa? Fizeram um contrato?

— A gente *tava* na míngua e *viemo* com ele... Não *assinemo* nada, não.

— E o seu pessoal sabe de vocês, pra onde foram?

— Mais ou menos, porque nem *nóis* sabia. Só disse que era bem longe...e pro Sul. E lá *tava* ruim pra todo mundo...

— Meu Deus do céu, eu nem sabia que lá no meio daqueles morros morava gente...

— E não mora mesmo. Era só *nóis*... e os *bicho*...

— E ele — o homem que te contratou — ficou por lá ou foi embora?

— Ficou uns três dias. Ajudou a *levantá* um rancho de pau a pique e falou:

— *Agora é com vocês. Taí a comida, o querosene, umas vela, fósforo, café, açúcar... Carne vão ter de arranjar. Faz arapuca, mata no tiro... Esses matos aí tão cheio de caça...*

— Não disse quando voltava?

— Pra uns dois, três *mês*...

— E voltou?

— Veio não... Eu marcava numa árvore cada dia de manhãzinha pra *tê* ideia do tempo que tava ali. *Plantemo* tudo, as comida foi acabando, não tinha mais fósforo nem munição... Só guardei a última carga pro caso de um bicho invadir o rancho.

— Meu Deus do céu, é muita crueldade... Mas e daí?

— Olha, moço! Faz três noite que a onça *tava* rondando a casa, urrando e arranhando a porta. Sem mais munição, deixava o fogo aceso e eu com o machado e a patroa com a foice, se revezando na frente da porta pro bicho não *entrá*. Daí, ontem de noite *decidimo largá* tudo e *se aventurá*, que a criança não parava de *chorá*... Tá *cum* febrão danado...

— Bom, eu vou deixar vocês, então, na Santa Casa de Paranaguá... Lá eles vão ajudar vocês e eu preciso ir embora, que de noite eu devo estar na escola. Sou professor...

À medida que nos aproximávamos da cidade, os olhos de todos pareciam não piscar, atentos aos caminhões e admirados do movimento. Conduzi-os até o hospital e tive trabalho para convencê-los a descer do carro e subir os degraus do antigo prédio. Assustado, o jovem pai implorou:

— Moço, não faz isso, não! Leva *nóis* com *ocê*... A gente se ajeita...

— Homem, eu não posso... E sua criança precisa de médico. Espera um pouco aqui, que eu vou falar com a moça lá dentro...

Acomodaram-se na entrada, como bichos acuados. Eu já havia estado ali outras vezes e conhecia o local. Apresentei-me e relatei o fato à chefa.

— Pode deixar, professor! Nós vamos tomar as providências necessárias... A assistência social aqui é boa.

Eu sabia, tinha ótimas referências.

Já desesperado pelo eventual atraso para o turno da noite, despedi-me de um pai agradecido, porém aparentemente magoado por abandoná-los ali entre estranhos... Concluí que precisava parar de ter esse coração mole que vivia colocando-me em *frias.*

Na escola, em cima da hora, um cafezinho ralo animou-me para as quatro aulas do período vespertino.

Lembrava-me, porém, a todo instante, daquela família de miseráveis que havia deixado para trás...

Não seria hora de eu também buscar novos rumos?

Em Guaratuba, fechava-se um ciclo. E a mesma ideia recorrente aflorava: um a um, os antigos companheiros entusiastas haviam partido para novas plagas e iam ajeitando-se. Sem as idas vespertinas à faculdade, já concluída, a mudança dos amigos e das famílias mais próximas para diferentes cidades da região, o retorno da namorada para a terra de origem, a solidão bateu forte à minha porta. A vida gregária do seminário e, após, a convivência harmoniosa com os amigos, o compartilhamento na vida social da família da namorada e seus amigos haviam sido gradativamente tirados e, pela primeira vez, senti-me totalmente só e deslocado.

Além disso, o panorama econômico desanimador persistia: o governo parecia pensar que nos pagava demais e que podíamos permanecer três ou quatro meses sem receber os já minguados salários... Mesmo assim, tentava, em sala de aula, não esmorecer o ânimo. Jamais faltava a uma aula sequer, demonstrava otimismo e entusiasmo, incentivando os jovens alunos a buscarem algo melhor, alçassem voos mais longos, pensassem em frequentar cursos técnicos, com formação qualificada e seguir alguma profissão. Não podiam — dizia-lhes — permanecer apáticos por oito meses em troca de, no máximo, outros quatro de atividades duvidosas e ganhos reduzidos.

— Vocês precisam sonhar mais alto! — dizia-lhes. — Existe muita vida além do *ferryboat*...

Com um dia e meio de convívio na capital, sentia a alma e a vida pulsarem mais fortes ali. Havia muito a fazer, pois poderia trabalhar em escolas mais exigentes, ampliar minha renda pessoal, aprofundar os estudos, arriscar-me em concursos até para lecionar em faculdades, que, agora, começavam a expandir-se.

As noites em minha casinha humilde pareciam não ter fim. Fora da temporada, com invernos abafados e chuvosos, a solidão tornava-se quase insuportável. Praticamente no centro da cidade, em terrenos alagados, o silêncio era interrompido apenas por colônias de batráquios felizes que coaxavam como a arvorar-se os proprietários de tudo ao redor... No desespero do isolamento, punha, às vezes um pequeno revólver escondido na cintura e saía a vaguear, entrava em algum bar, bebia uma cerveja, trocava meia dúzia de palavras e retornava ao meu cubículo... Nem os antigos bêbados *de classe* via mais por ali...

A namorada estava distante, e a comunicação era difícil naqueles tempos em que só havia o telefone fixo e, ainda, era um luxo disponível a poucos. Às vezes, enviava-lhe apenas um lacônico telegrama, pois a norma pedia que fossem o mais breve possível: "*Olá! Aqui, tudo bem, e aí?*". Ou, então, o aviso tão esperado: "*Chegarei próximo sábado!*". Para tanto, uma noite inteira de ônibus ou, às vezes, o automóvel compartilhado com um amigo que também tinha namorada na região...

Difícil naquele ano foi conseguir local para almoçar. As relações humanas já começavam a sofrer transformações sensíveis na ainda pequena população: restaurantes já se habituavam a um trato mais formal ou não forneciam refeições diárias fora da temporada de verão, alegando não compensar. Quando o faziam, elevavam o preço, bem acima do padrão salarial de professor... Foi então que as doces e gentis freiras passionistas, graças ao prestígio alcançado por meus serviços prestados à comunidade, animando as missas dominicais, ofereceram-me a oportunidade de almoçar em sua comunidade, onde cuidavam de moças pobres, dando-lhes abrigo e oportunidade de estudar, em busca de uma vida mais digna. Sou-lhes eternamente grato pelo carinho com que me trataram...

O que mais me angustiava era o isolamento, e até a sensação de não ser mais útil ali. Habituado a uma vida marcada pelo convívio humano mais intenso, via o círculo de amigos, paulatinamente, fechando-se. Podia atravessar a cidade sem ser identificado. Os rapazes — ex-alunos em geral — estavam empregados em alguma atividade e, à noite, cansados, desapareciam das ruas e pontos de encontro tradicionais. As garotas jovens, com quem me relacionava bem e por quem nutria carinho, tornavam-se rapidamente meninas-moças, concentravam-se em alguma atividade ou afazeres domésticos e não seria de bom-tom visitá-las ou encontrá-las, a menos que casualmente e em locais públicos. Estavam em fase de fazerem suas escolhas de parceiros, como eu fizera a minha e, portanto, eu não seria mais bem-vindo em suas casas, e visitas poderiam ser mal-interpretadas... Eu já aprendera — após quatro anos longe do seminário — que havia um *script* social dogmático, preestabelecido a ser seguido nesse mundo civil: nascer, crescer, enamorar-se e casar... E o meu enquadramento também me exigia isso. Sozinho, sentia-me um peixe fora d'água em pleno litoral. Era hora de partir... Definitivamente.

Assim, em julho noivei; em dezembro, casei.

Amigos reapareceram de todos os lados em explícita e ruidosa alegria para comemorar comigo a nova etapa da vida. Após um mês no aconchego da minúscula casinha que havia construído, mudamo-nos para a capital, onde já se ampliara minha possibilidade de trabalho, agora em duas escolas: uma pública e outra particular, dirigida pelas amigas *irmãs*. O fuscão amarelo subiu a serra pela nova rodovia, recém-inaugurada, abarrotada de veranistas que ainda desfrutavam os últimos dias das férias de verão. De repente, um engarrafamento... Pisei no freio com toda a força dos 23 anos, tentei sair para o acostamento, mas, mesmo assim, esbarrei no automóvel à frente, causando um leve dano na lataria. Saiu de lá um furibundo senhor, que já chegou esbravejando:

— Não vê por onde anda, seu *piá de bosta*?
— Desculpa, senhor! Tentei desviar... foi de repente.
— Desculpa o cacete! Podia ter matado minha família. Vai ter é que pagar!

Levava conosco uma jovem freira. Pálida, desceu do automóvel e quando ele a viu, recompôs-se:

— Desculpa, irmã! É que a gente fica nervoso...
— Mas eu vou lhe pagar, senhor. Acho que não tive culpa, mas vou lhe pagar.
— Ah, mas vai mesmo! Pode me passar seus documentos!
— Eu vou precisar deles, senhor. Não posso lhe dar!
— Não quero nem saber! O senhor tem um telefone, endereço?
— Não, senhor! Estou de mudança para Curitiba...
— E faz o quê?
— Sou professor... do estado.

— Então acho melhor você me pagar agora... Faço ideia do que deve custar o conserto e daí você me paga...

— Senhor, eu não tenho dinheiro. Só no fim do mês.

— Olha, eu vou lhe dar uma chance. Isso porque que eu tenho consideração por professores. Veja lá no carro: aquele piazão ali é meu filho; estuda na Escola Técnica Federal de Curitiba... Aquilo, sim, é escola! Então, professor, em consideração a sua profissão e à irmã aqui presente, vou apenas levar a sua identidade como garantia. Quando o senhor me pagar tudo, eu lhe devolvo a carteira...

— Mas, senhor, eu com certeza vou precisar dela...

— É a minha garantia... Como é que eu posso saber se disse a verdade, se posso confiar em você? Ou, então, me passa o dinheiro... e agora!

Impotente, humilhado, acatei a imposição e seguimos em frente...

A nova vida não começara muito bem...

Levei a jovem religiosa até o convento e lá fomos convidados para uma frugal, mas agradável, ceia. Despedimo-nos e procuramos um hotel simples para nos abrigar naquela noite e organizar o futuro na capital. Um colega e amigo, a quem muitas vezes abrigara em meu chalezinho na praia, ofereceu-me hospedagem até encontrar algum espaço acessível para nós.

— É o mínimo que posso fazer por você. — disse-me.

Agradecido e vendo o fato como natural, prometi-lhe ser breve em nossa estada e encontrar rapidamente um possível local para alugar, até por não ter convivência com seus familiares, desacostumados dessas atitudes altruístas, que em nós haviam sido cultivadas, mas pouco comuns nas cidades grandes...

— *Alea jacta est...* — disse com um sorriso amarelo, deitado ao lado da jovem esposa, cerca de uma semana depois, já acomodado no pequeno quarto do módico hotel no centro da cidade.
— O que foi que você disse? — perguntou-me
— *A sorte está lançada...* É assim que diziam os romanos. Amanhã vou em busca de um lugar para nós... E seja o que Deus quiser!

FIM

FONTE Berling LT Std
PAPEL Polen Natural 80g
IMPRESSÃO Paym